人力资本、技术创新
对产业结构升级影响研究

◎ 罗亚菲　著

吉林大学出版社
·长春·

图书在版编目（CIP）数据

人力资本、技术创新对产业结构升级影响研究 / 罗亚菲著. -- 长春 : 吉林大学出版社, 2020.5

ISBN 978-7-5692-6457-9

Ⅰ. ①人… Ⅱ. ①罗… Ⅲ. ①人力资本－影响－产业结构升级－研究－中国②技术革新－影响－产业结构升级－研究－中国 Ⅳ. ① F269.24

中国版本图书馆 CIP 数据核字（2020）第 073080 号

书　　名　人力资本、技术创新对产业结构升级影响研究
　　　　　RENLI ZIBEN、JISHU CHUANGXIN DUI CHANYE JIEGOU SHENGJI YINGXIANG YANJIU

作　　者　罗亚菲　著

策划编辑　魏丹丹

责任编辑　魏丹丹

责任校对　赵　莹

装帧设计　凯祥文化

出版发行　吉林大学出版社

社　　址　长春市人民大街 4059 号

邮政编码　130021

发行电话　0431-89580028/29/21

网　　址　http://www.jlup.com.cn

电子邮箱　jdcbs@jlu.edu.cn

印　　刷　河北纪元数字印刷有限公司

开　　本　787mm×1092mm　1/16

印　　张　9

字　　数　134 千字

版　　次　2020 年 5 月　第 1 版

印　　次　2021 年 1 月　第 2 次

书　　号　ISBN 978-7-5692-6457-9

定　　价　36.00 元

前　言

人力资本、技术创新与产业结构升级是市场经济特有的产物，三者密不可分。其中，人力资本是企业发展的基础，企业的人力资本越雄厚就越能带来新的想法和创意，从而促进技术的改革和创新，带动产业结构的升级换代。随着我国政治经济的全面发展，人力资本、技术创新与产业结构升级受到人们的广泛关注。为了提供更好的经济方面的指导，满足经济学研究者对了解人力资本、技术创新与产业结构升级三者相互关系的需求，笔者撰写了本书。

本书共分为六章：第一章简要介绍了人力资本、技术创新与产业结构升级的相关理论，以便广大读者更好地理解什么是人力资本、技术创新与产业结构升级；第二章介绍了人力资本、技术创新与产业结构升级的关系，并在此基础上分析了三者相互促进的作用机理；第三章对产业结构升级过程中人力资本投资的局限性进行了研究，并阐述了此类局限性造成的影响及其成因；第四章对人力资本、技术创新与产业结构升级的影响机制进行了研究；第五章在第四章的基础上，结合我国真实数据，对人力资本、技术创新与产业结构升级进行了实证研究；第六章基于前几章对人力资本、技术创新与产业结构升级的研究，得出了一些研究结论，并针对研究过程中发现的问题提出了一些政策建议。

整体来说，本书结构清晰、内容全面、语言朴实，尽可能地做到理论与实践相结合。具体来说，全书内容简单清晰，通俗易懂，不仅可以作为广大经济学者研究人力资本、技术创新与产业结构升级的参考依据，而且可以作为经济学爱好者的自学资料。

本书在撰写过程中借鉴了大量的书籍资料，在此对相关资料的作者表示衷心的感谢。由于时间仓促，笔者水平有限，书中难免存在不足之处，欢迎各位读者、专家批评、指正。

罗亚菲

2019年10月

目　录

第一章 相关理论概述

第一节 产业技术创新理论

研究表明，通过产业技术创新理论，企业可以具备研发新产品、响应市场变动情况的能力，并以此维持自身的竞争优势，增加自身的价值。然而，我们要认识到，虽然企业动态能力的培养十分重要，但是更加重要、效果更加明显的是产业动态能力的培养。之所以这样说是因为，一方面如果产业形成动态能力，可以促进产业升级、重构产业的核心能力，以此保证产业具备持续竞争优势，从而适应不断变化的市场；另一方面，随着产业优势的增加和竞争力的增强，都会带动整个地区或国家竞争力和综合实力的增加，促进这一地区或国家地位的提升。

一、动态能力理论

一开始，资源基础理论（Resource-Based View，简称RBV）提出，企业只有拥有必要的、稀缺的、不可替代的、不可模仿的资源，才能具备持续竞争优势，进而获得高额甚至是超额的报酬。但随着研究的深入，人们逐渐发现并非企业只要拥有以上特点的资源，就能够具备持续竞争优势，只有当企业具备可以产生以上特点资源的配置开发能力、保护能力和使用能力时，才能具备持续竞争优势。在研究过程中，人们将企业产生持续竞争优势的原因由某种资源具化为某种能力，由此产生了企业能力基础理论。在研究能力对提升企业竞争力的影响方面，美国社会学家菲利普·塞尔兹尼克（Philip Selznick）于1957年首次提出了“独特能力”的概念。1990年，来自美国的两位管理学大师——C.K.普拉哈拉德（C.K.Prahalad）和加里·哈梅尔（Gary Hamel）又提出了“核心能力”的概念，并将其定义为：“是组织中的积累性学识，是关于如何调整不同的生产技能和有机结合多种技能的学识。”这一概念指出了企业内部能力的重要性，着重强调了企业只有拥有核心能力才能具备企业持续竞争优势。这标志着企业能力基础理论发展到一个新的阶段。但是，我们也需要认识到，企业的核心能力具备刚性的特征，其仅仅是特定时间、特定地点的一种产物，一旦企业的核心能力僵化，企业就不再具备企业持续竞争优势。

为了保证企业的核心能力能够随着技术和市场环境的变化而升级换代，大卫·蒂斯（David Teece）、加里·皮萨诺（Gary Pisano）和艾米·苏安（Amy Shuen）于1997年将演化经济学的企业模型与“资源观”结合起来，提出了一个“动态能力”战略观的框架。整体来讲，这一框架强调了以往提出的战略观中被人们忽略的两个关键内容：第一，“动态”是企业为了适应不断变化的市场环境而不断自我更新的过程；第二，“能力”是企业在战略管理并更新自身能力，以满足环境变化的要求所必须具备的一项技能。此外，动态能力观认为，动态能力的内涵由市场机制决定，市场动态包括稳定性市场与高度变化的市场。而市场机制对动态能力的影响主要表现在：动态能力的稳定性会随着市场动态性的增强而减弱；动态能力会随着市场动态性的变化变得更加难以获得或保持；动态能力的偶然性和模糊性也会随着市场动态性的变换而发生变化。具体而言，在适度动态的市场中，动态能力受自身复杂性和难以观测性的影响而呈现出模糊状态；在高度动态市场中，动态能力又受自身简单性的影响而呈现出模糊状态。由此可见，能力的内涵是：正确地采用、整合、建立和重构内部组织的技能与外部环境的资源，使之符合在高度动态环境下的需求的一种战略管理方法。基于此，本书整理出动态能力的概念是：企业整合、构建和重构内外部资源和能力，以适应快速变化的环境的能力，也是不断提高企业竞争力的能力。

二、动态能力的技术创新战略

研究发现，产业技术创新与“动态能力”的思想是吻合的。首先，企业的发展越来越依赖技术创新，但由于技术创新本身具有不确定性和高风险性，使得企业也为此承担着巨大的压力。而产业技术创新以产业技术的整体发展为目标，以原产业间的相互依存关系为基础，从而可以降低技术创新的风险性。同时，在产业技术创新活动中，企业技术创新目标被统一起来，使得技术创新工作得到了整体的部署，克服了企业技术创新的盲目性，从而减少了技术创新的不确定性。其次，“动态能力”的流程中最重要的是整合和学习，而技术创新战略恰好需要将整合和学习两者结合起来。基于此，我们可以得到结论：整合是管理的主要任务，能力的动态性需要通过学习来达到。需要注意的是，企业创新能力的整合需要从资源利用的角度来扩大整合的范围，具体包括：在价值链上，与供应商、用户进行整合，与竞争对手进行整合；在国家创新系统中，与科研机构、大学、中介机构、金融机构进行整合。总之，通过外部的整合，企业可以达到扩大技术创新资源的目的。

根据蒂斯等人的观点，企业的战略维度包括地位、流程和有关战略知识资产的路径。其中，企业的战略维度使知识能够在企业内部中积累和流动，而路径是指企业能够觉察到的机会，同时路径依赖又限制了企业技术创新战略选择的自由。如果企业具备动态能力，那么企业就可以更自由地选择技术创新战略，使其在创造新产品的过程中能够及时地对变化的市场环境做出反应。但是，由于不同企业、不同行业都存在其特殊性，这使得人们很难对技术创新战略做出定义。为此，我国学者陈铁军基于动态能力理论提出，把技术创新战略建立在流程、地位和路径三个要素的基础上。这样一来，企业在利用动态能力分析框架对技术创新进行战略分析时，就可以知道企业技术创新的流程、地位和路径，明确企业所处的外部环境、竞争态势、内部技术的创新能力、创新的历史轨迹和潜在机会等因素。然后，企业只要结合整体发展战略，就可以确定自身的技术创新战略，再依据确定好的技术创新战略来部署资源并实施战略，最终企业可以达到创造竞争优势、提升技术创新能力的目标。

综上所述，本书基于动态能力分析框架展开研究时发现，一个企业或产业要想实现产业技术创新，不仅需要明确自身所处的外部环境、竞争态势以及自身的技术创新能力，还要关注自身在经济系统中的地位，结合优化产业结构的目标，在增强自身竞争力的同时，增强产业结构的转化能力，从而提升整个产业系统的技术水平。为了便于读者理解和使用，本书总结出企业要想形成动态能力应具备的条件和企业动态能力分析框架，分别如图1-1和图1-2所示。

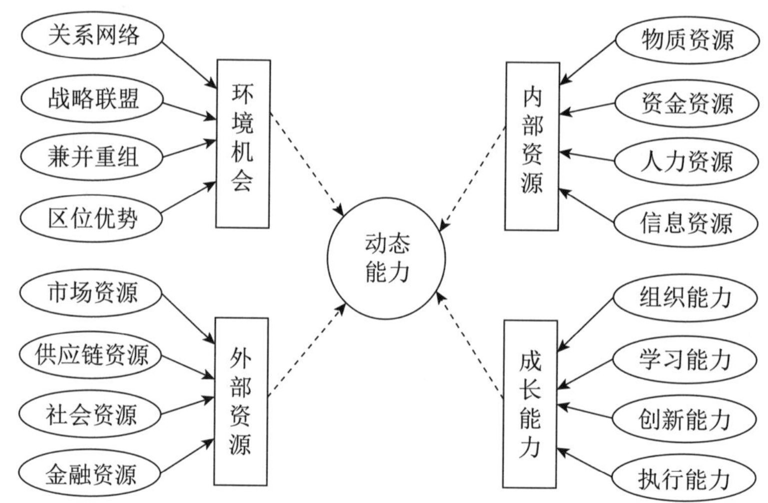

图1-1　企业形成动态能力应具备的条件

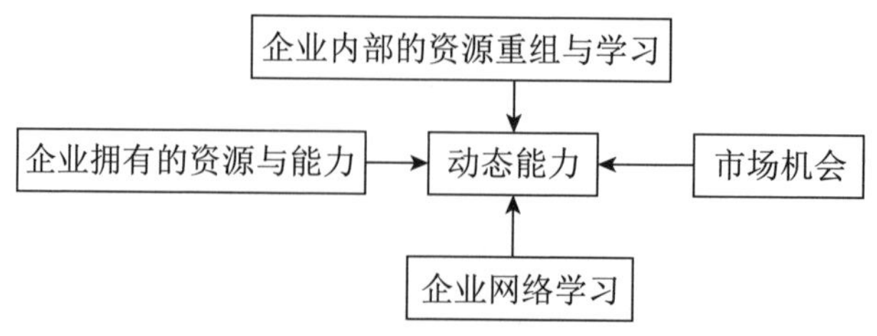

图1-2　企业动态能力分析框架

第二节　人力资本的相关理论

对于人力资本的研究最早可以追溯到17世纪中期，当时的经济学家就已经对人力资本理论展开了研究，而且，经过一代又一代经济学家不断地补充与完善，现代人力资本理论体系已较为完整，并在经济学各研究领域得到了广泛的应用。本节主要按照人力资本理论的起源、发展和演进规律来梳理人力资本的相关理论，以期为后文的研究奠定坚实的基础。

一、早期人力资本理论的形成

（一）威廉·配第的人力资本理论

1622年，威廉·配第（William Petty）在《赋税论》一书中首次提出，人是创造价值和财富的重要资产。虽然他并没有明确指出人力资本的概念，但是提出了“劳动为财富之父，土地为财富之母”的著名论断，促进了人力资本理论思想萌芽的形成。同时，配第也指出，人力价值是由一些有技艺的个体能够完成没有技艺的个体所不能完成的工作而体现出来的，并认为个体劳动能力的提高是促进一个国家财富增长的主要因素，而个体的劳动能力可以通过教育与训练来提高。此外，配第还在其另一部著作《政治算术》中曾尝试从量化的角度分析经济问题，并根据当时英国的实际情况，估算出英国人口的经济价值，以及每个人的平均价值。

总的来说，配第的人力资本理论推动了人力资本概念的产生。

（二）亚当·斯密的人力资本思想

1776年，亚当·斯密（Adam Smith）所著的《国富论》出版。他在书中肯定了劳动在各种资源中的特殊地位，并明确指出了工人劳动的熟练程度会对劳动生产率产生影响，而通过接受教育和参加工作可以提高劳动熟练程度。斯密把后天学习和工作所获得的工作能力看作劳动者的一种资本，这种资本在生产实践中不仅可以提高个人收入，而且能够为社会增加财富。也就是说，花费精力和时间所学会的劳动技能就如同购置新机器或其他物质成本一样，是可以收回投入并获得利润的。

总的来说，斯密提出的这种投入学费和时间并期望从中获得利润的理论十分接近现代人力资本理论的核心。

（三）大卫·李嘉图的人力资本思想

大卫·李嘉图（David Ricardo）被《国富论》激发了对经济学研究的兴趣，并于1817年完成了《政治经济学及赋税原理》一书。他提道，机器与人类劳动最大的区别就是机器不能创造价值，而人类劳动后可以创造价值，并将人类劳动划分为间接劳动和直接劳动。间接劳动，是指间接投入所需生产资料上的物化劳动，即把原有的价值转移到商品中，自身并不创造价值；直接劳动，是指投入直接生产过程中的劳动，即直接创造新的价值。

为了研究分配问题，李嘉图从价值的角度入手，通过研究价值分析财富分配，在继承了斯密人力资本理论科学性的同时，批评了斯密人力资本理论中的错误，由此提出了劳动价值论，这一理论贯穿他的全部理论体系。整体来看，在李嘉图的经济体系中，分配理论占有中心地位，正如他自己在书中所说：“确立支配这种分配的法则，乃是政治经济学的主要问题。”

总的来说，李嘉图在分配问题上的贡献主要包括以下两个方面：首先，他的分配理论是以劳动价值论为基础，又通过对分配特别是对地租的研究，进一步发展了劳动价值论；其次，他从分配的角度，揭露了资本主义社会三大阶级之间的矛盾，为维护工业资产阶级的利益提供了理论依据。但是，李嘉图的人力资本理论也存在一定错误，具体表现为：在分析分配问题时，由于他没有将生产放在首要位置，没有掌握生产决定分配的原理，导致其理论无法科学地说明分配问题的本质及其规律，这从本质上与人力资本理论矛盾。

（四）欧文·费雪的人力资本理论

1930年，欧文·费雪（Irving Fisher）从利息与资本的角度探讨了人力资本问题，并出版了《利息理论》一书。他认为，应将劳动力与物质资本一同归入资本的范畴，并将工资收入看作人力资本的利息。此外，费雪还将“健康”的概念引入人力资本研究框架中，试图测算出健康人力资本的价值。这一研究成果也得到了一些研究人力资本的学者的认同和肯定。

总的来说，费雪的研究理论促进了人力资本理论的发展，为相关理论体系的形成做出了重大贡献。

二、现代人力资本理论体系的形成

20世纪五六十年代以后，为了解释当时经济运行中出现的一些新问题，以西奥多·舒尔茨（Theodore Schultz）、加里·贝克尔（Gary Becker）、雅各布·明塞尔（Jacob Mincer）等人为代表的一批经济学家开始对人力资本展开研究。通过众多经济学家的努力，逐渐形成了现代人力资本理论体系的雏形，并且这一理论体系也成为现代经济理论体系的重要组成部分。下面简要介绍几种理论。

（一）西奥多·舒尔茨的人力资本理论

舒尔茨认为，资本不只是物质的或者有形的，还可以体现在劳动者身上，由此形成“人力资本”，从而增加特定国家的资本存量。同时，他还提出，与物质资本投资相比，人力资本投资对经济增长的贡献要更大一些。由此可见，通过考察人力资本投资对经济发展的影响，舒尔茨发现了人力资本投资能够促进经济增长的客观事实，改变了以往人们对人力资本的认识。

此外，舒尔茨还对传统经济学中将劳动要素看作同质的观点进行了批判，并提出劳动要素存在明显的个体差异，而人力资本投资正是导致差异出现的重要因素。基于此，他将人力资本投资划分为五类，具体包括卫生保健投资、教育投资、培训投资、迁移投资和非正规教育投资。

总的来说，舒尔茨虽然明确了人力资本的概念，但其主要从宏观层面对人力资本进行考察，并没有关注到微观因素对人力资本造成的影响，具有一定的局限性。

（二）加里·贝克尔的人力资本理论

贝克尔认为，与物质资本投资一样，人力资本投资的目的也是追求利润最大化，因此他从微观层面出发拓展了舒尔茨的人力资本理论，并将人力资本理论确定为分析劳动收入分配的一般性理论。在此基础上，贝克尔将人力资本投资的特征与利润最大化原理相结合，构建出人力资本投资均衡模型。此外，为了研究收入分配问题，贝克尔还将新古典经济学中的供求均衡理论纳入人力资本投资分析框架中。

总的来说，贝克尔的人力资本理论弥补了舒尔茨的人力资本理论只注重宏观而忽视微观的不足，推动了现代人力资本理论体系的初步形成。

（三）雅各布·明塞尔的人力资本理论

明塞尔从新古典经济学中个人理性选择行为的角度出发，提出收入分配的差别主要表现为不同个人收入之间的差别，而非不同职能收入的差别，并认为个人选择不同的人力资本投资决策会产生不同的收入分配格局。具体而言，明塞尔对人类资本理论研究的贡献包括以下三个方面：第一，他用参加培训或受教育的年数表示人力资本投资量，建立了人力资本收益率模型；第二，他首先提出了人力资本的工资挣得函数；第三，他将人力资本理论与分析方法用于家庭决策与市场行为领域中，形成了一个新的研究分支，并极大地丰富了人力资本理论的内容。

总的来说，明塞尔的人力资本理论在继承前人经验的基础上，拓宽了人力资本理论涉及的领域，促进了现代人力资本理论体系的形成和发展。

第三节 产业结构的相关理论

一、产业结构演变理论

（一）配第-克拉克定理

配第曾出版过《政治算术》一书，并指出，与从事农业生产的劳动力相比，从事制造业生产的劳动力所获得的收入更多，而从事商业生产的劳动力又比从事制造业生产的劳动力所获得的收入更多。这一结论在他分析当时荷兰的经济状况时得到了证实：由于当时荷兰大多数人都从事非农业生产活动，使得荷兰的人均收入远远高于欧洲其他国家。总的来说，配第通过对不同产业收入进行描述，揭示了产业间收入相对差异的规律性，经后人整理后命名为“配第定律”。

科林·克拉克（Colin Clark）以配第的研究为基础，通过研究多个国家的劳动力在三大产业之间的转移，将经济发展分为三个阶段。第一阶段，经济发展初期，此时农业收入是人们收入的主要来源，而且这一阶段的人均收入非常低；第二阶段，经济发展成长期，随着经济发展，从事制造业的人均收入开始高于从事农业的人均收入，这一阶段社会总体的人均收入要高于第一阶段；第三阶段，服务业快速发展，此时从事服务业的人均收入与从事农业和制造业的人均收入相比得到了大幅度的提升，这一阶段社会总体的人均收入明显高于前两个阶段。

总的来说，克拉克的研究结论是建立在配第定律的基础上，并对其进行了论证，因此后人将二者合称为“配第-克拉克定理”，并在研究产业结构的过程中得到了广泛应用。

（二）人均收入影响论

首先，西蒙·史密斯·库兹涅茨（Simon Smith Kuznets）以克拉克等人对产业结构的研究成果为基础，扩大了样本选择的范围，从国民收入与劳动力在不同产业间的分布层面出发，从对产业结构演变规律的研究逐渐深入到三大产业所实现国民收入的比例关系及其变化上来。具体而言，库兹涅茨的研究结论有以下三个突出亮点：第一，库兹涅茨采用国民收入比重指标和劳动力分布指标相结合的方式，对产业结构进行综合分析；第二，库兹涅茨选取数据时，不仅选取了时间序列数据，还对截面数据进行了统计分析，使得研究结果更具价值；第三，库兹涅茨不仅考察了三大产业变动的情况，还分别对这三大产业内部的情况展开了深入分析。

其次，库兹涅茨认为，经济总量的快速增长会导致需求结构随之改变，而需求结构的变动又会导致产业结构转型，因此可以得出一条结论，即导致产业结构产生变化的决定性因素是人均国民收入。这一结论的具体表现体现在以下三个方面：第一，随着经济的发展，第一产业的国民收入比重及劳动力比重会不断下降；第二，第二产业的国民收入比重会不断攀升，而第二产业的劳动力比重基本不变或者略有上升；第三，第三产业的国民收入比重和劳动力比重会呈现上升趋势。

（三）霍夫曼定理

德国经济学家奥格斯特·威廉·冯·霍夫曼（August Wilhelm von Hofmann）在1931年出版的《工业化阶段和类型》一书中，提出了著名的霍夫曼定理。霍夫曼定理是指资本资料工业在制造业中所占比重不断上升并超过消费资料工业所占比重。同时，霍夫曼收集了近20个国家工业结构方面的时间序列数据，重点分析了制造业中消费资料工业和资本资料工业的比例关系，这一比例被称为“霍夫曼比例”，表示为：

霍夫曼比例=消费资料工业的净产值/资本资料工业的净产值（1-1）

根据霍夫曼比例，社会的工业化进程可以划分为四个阶段：第一阶段，霍夫曼比例处于3.5～6.5，此时消费品工业在制造业中占据主导地位；第二阶段，霍夫曼比例处于1.5～3.5，此时虽然资本工业的增长速度要快于消费品工业，但是消费品工业的生产规模仍大于资本工业；第三阶段，霍夫曼比例处于0.5～1.5，此时资本工业与消费品工业的生产规模基本处于持平状态；第四阶段，霍夫曼比例小于0.5，此时资本工业在制造业中占据主导地位，这标志着社会已基本实现工业化。

总的来说，由于霍夫曼定理是通过经验总结出来的经济学规律，具有一定的环境适应性。然而，随着时代的发展，科技的进步，现如今的经济环境发生了翻天覆地的变化，我们需要结合实际对霍夫曼定理进行改动，如果不这样做，可能会对经济发展带来不利影响。

（四）动态比较成本论

20世纪50年代中期，筱原三代平（Shinohara Miyohei）在借鉴李嘉图的静态比较成本理论和弗里德里希・李斯特（Friedich List）的幼稚产业保护理论的基础上，提出了动态比较成本论。同时，他还为日本的产业结构规划提出了两个基本准则，分别是生产率上升基准和收入弹性基准。生产率上升基准是指优先发展生产率上升速度最快的产业，这是因为在工资率固定的情况下，这些产业单位成本下降较快，具有较大的获利空间；收入弹性基准是指优先发展收入弹性较大的产业，这是因为这些产业的产品拥有较大的市场需求量，容易形成规模经济效益，能够创造出丰厚的利润。

总的来说，动态比较成本论强调应该以动态发展的眼光看待问题，虽然一些产业在国际贸易中一时处于劣势地位，但是如果给予它有利的政策支持，它可能会转化为优势产业，同样地，处于竞争劣势的产品也可能会转变为具有竞争优势的产品。

（五）雁行形态理论

为了分析日本棉纺工业发展模式，日本经济学家赤松要（Akamatsu）于1935年提出了一种新型产业发展模式——雁行形态理论。该理论的主要思想是：随着一个国家比较优势的变化，国内特定产业的生命周期一般会经历“进口—国内生产—出口”三个阶段。如果把这一过程用图线表现出来，图线呈现出倒“V”形，就像雁群在空中飞行一样（如图1-3所示）。

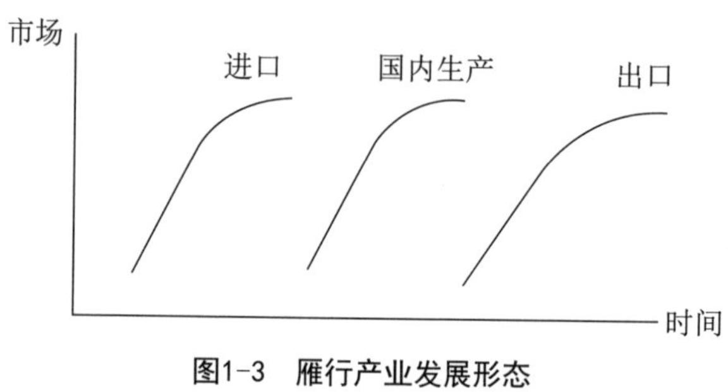

图1-3　雁行产业发展形态

下面具体分析图1-3中各个曲线的表达含义。“第一只雁”代表进口浪潮。后起国家经济体系不完善，产业结构也相对脆弱，当其市场对外开放后，大量国外产品会涌入国内市场，此时其国内市场基本都是进口产品。“第二只雁”代表受到进口刺激后，引发的国内生产浪潮。由于国外产品流入国内，后起国家的国内市场规模得以扩大，为国内模仿和利用进口产品提供了便利，并促成了国内廉价劳动力与优势资源的结合，进而使国外进口产品在国内生产成为可能。“第三只雁”代表国内生产产品的出口浪潮。后起国家在充分发挥自身比较优势后，其国内生产产品与国外进口产品相比更具有成本优势，进而使得国内生产产品可以出口。

二、产业结构升级理论

（一）二元经济结构理论

威廉·阿瑟·刘易斯（William Arthur Lewis）于1954年发表了学术论文——《劳动无限供给条件下的经济发展》，并提出了著名的“二元经济结构理论”。二元经济结构理论指出，发展中国家的经济结构由两个生产部门组成，一个是劳动力能够自给自足的传统部门，另一个是劳动生产率较高的现代部门。除此之外，二元结构理论还有三个基本前提假设：第一，传统部门的劳动力是无限供给的，并且其劳动生产率为零；

第二，传统部门的人均产出水平决定着由传统部门转移到现代部门的劳动力的工资水平；第三，传统部门中的收入储蓄倾向明显低于现代部门。在以上三个基本前提的基础上，现代部门从传统部门获得了源源不断的廉价劳动力，既缓解了传统部门的就业问题，又有效地促进了现代部门的资本积累，转移过来的劳动力还减轻了现代部门工资上的压力。此外，由于现代部门具有高生产率、高储蓄率的特点，使其对传统部门劳动力的吸纳能力得到了提升，而传统部门在产量不减的情况下减少劳动力，相当于劳动生产率得到了提升。在以上效应的相互作用下，传统部门与现代部门的劳动边际产出逐渐趋于相等，这时二元经济结构就转变为一元经济结构。

（二）不平衡增长理论

阿尔伯特·赫希曼（Albert Hirschman）在《经济发展的战略》一书中指出，发展中国家不应同时发展各项工业，而应把有限的资源有选择地投入某些行业，最大限度地发挥这些资源对经济增长的促进作用，并认为不平衡增长战略才是经济发展的最佳选择。同时，他还认为，实现不平衡增长的路径有两种，分别是过剩发展模式和短缺发展模式。过剩发展模式是指先对社会预摊性资本投资，以降低直接生产活动的成本，进而刺激人们增加对直接生产性资本的投资；短缺发展模式是指先对直接生产性资本进行投资，导致社会预摊性资本不足，由此引起直接生产成本升高，最后迫使投资转向社会预摊性资本。总的来说，赫希曼的不平衡增长理论不仅适用于拉丁美洲大多数国家，而且对于推动我国的经济发展也具有积极作用。

（三）主导产业理论

华尔特·惠特曼·罗斯托（Walt Whitman Rostow）在《经济增长的阶段》一书中提出了主导产业的概念，并将经济发展过程划分为六个不同的阶段：传统社会阶段、为起飞创造前提阶段、起飞阶段、成熟阶段、高额群众消费阶段和追求生活质量阶段。他认为，主导产业应具有如下特征：一是具有持续高速的增长率；二是依靠技术进步可以获得新的生产函数；三是对其他产业乃至所有产业的发展可以起到决定性作用。以上三个特征是一个有机整体，缺少任何一个特征的产业都不能被称为主导产业。其中，第三个特征是区分主导产业与其他产业最重要的特征。

此外，罗斯托认为，随着自身的发展，主导产业会对为其提供生产资料的部门产生积极影响；主导产业会诱导新技术和新兴工业的出现，甚至为下一个主导产业的发展奠定基础；主导产业可以影响周边地区的经济发展和产业结构的演化方向。

三、国际产业分工理论

在经济全球化的大背景下，各个国家或地区的产业结构本质上都是开放结构，只是对外开放程度有所不同。某一国家或地区的产业结构作为其空间上一种特殊类型的集合，必然要与外界产业结构体形成互动关系，其主要推动力就是国际生产力的持续发展与国际分工的不断深化。为了便于分析这一过程，我们有必要对国际产业分工理论有所了解。

（一）比较优势理论

李嘉图在《政治经济学及税赋原理》一书中，基于绝对优势理论对两个国家和两种商品的分析模型展开了分析，并提出了“决定国际贸易的基础是比较优势而不是绝对优势”的结论，这就是比较优势理论。比较优势理论清楚地解释了两个发展程度不同的国家都可以通过参与国际贸易的方式获利的原因。例如，假设A、B两个国家的生产力水平存在差距，A国生产每种产品的成本都低于B国，而B国的劳动生产率又低于A国，那么A国与B国之间必然存在贸易可能性。A国由于具有绝对优势，不必生产所有产品，只需要生产在本国内具有最大优势的产品即可；而B国也不需要停止生产全部产品，只需要停产本国处于最大劣势的产品即可。这样一来，两国产品通过自由交换，既可以使两国同时获利，又可以提高两国的生产效率。

在李嘉图研究成果的基础上，阿尔弗雷德·马歇尔（Alfred Marshall）

和约翰·穆勒（John Mill）将贸易条件与需求强度和获利程度联系起来，并发现：受结构性因素的影响，劳动生产率水平不同的两个国家的需求强度会表现出一种特定的变化趋势。在比较优势理论中，以国际分工为前提，此时商品价值完全由劳动投入量决定。这样一来，高劳动生产率水平的国家的工资水平一定高于低劳动生产率水平的国家，由此导致两国的产品无法等价交换。这一结果也很好理解：如果高劳动生产率水平国家的产品进入低劳动生产率水平国家的市场，那么其产品必然会以巨大的竞争优势挤垮低劳动生产率水平国家的部分企业；反之，如果低劳动生产率水平国家的产品进入高劳动生产率水平国家的市场，那么其产品的销售方面必然存在重重困难。

（二）要素禀赋理论

贝蒂·俄林（Bertil Ohlin）在伊·菲·赫克歇尔（Eli F Heckscher）的研究基础上，提出了要素禀赋理论，又称“赫克歇尔-俄林理论”。随后，这一理论又被保罗·萨缪尔森（Paul Samuelson）等人进行了完善。在要素禀赋理论中，生产要素是指生产活动必须具备的主要因素或在生产中必须投入的或使用的主要手段；要素禀赋是指一个国家所拥有的生产资源状况，包括土地、劳动和资本等资源。而生产要素的需求主要受两方面的因素影响：一方面，生产技术的变化会使生产一单位产品所需要的生产要素数量发生变化；另一方面，消费偏好的变化会对消费品生产数量产生影响，进而导致生产消费品所需的生产要素数量发生变化。①

要素禀赋理论认为，国际贸易形成的必然条件是各国要素禀赋之间的相对差异和各国生产各种产品时利用生产要素的强度差异，并强调生产产品需要不同的生产要素，如资本、土地等，而不仅仅是劳动力；生产不同的产品需要不同的生产要素配置。此外，要素禀赋理论还认为，一个国家（地区）应该出口在本国（地区）相对充裕的生产要素所生产的产品，并进口在本国（地区）相对稀缺的生产要素所生产的产品。长此以往，随着国际贸易的发展，各国生产要素的价格将会趋于均等。

① 赵光辉.信息产业人才结构与产业结构互动研究[J].科技与经济,2006,19(5):36-40.

人力资本、技术创新与产业结构升级的机理分析

本章主要明确了技术创新、人力资本与产业结构升级的概念内涵，并以此为基础从产业间的流动与配置、产品需求结构、对产业结构升级的支撑作用三个层面出发，分别阐述了人力资本促进产业结构升级的作用机理，技术创新促进产业结构升级的作用机理，并在理论上论证了人力资本提升与技术创新可以促进产业结构后续升级。本章的核心目标是在中国产业结构升级的大背景下，为后续从静态、动态机制和地区差异等方面展开的实证分析研究做好理论上的准备。

第一节 人力资本、技术创新与产业结构升级的关系研究

技术创新是提高全要素生产率的强劲力量，且对产业结构升级具有长期正向的积极效应。国内外学者很早就对人力资本、技术创新与产业结构升级的关系展开了相关研究，下面分别论述有关人力资本与产业结构升级关系，技术创新与产业结构升级关系以及人力资本、技术创新与产业结构升级关系的研究结论。

一、人力资本与产业结构升级的关系研究

产业结构的优化升级是经济增长的根本体现，凡是研究人力资本与经济增长的理论都会涉及研究人力资本与产业结构升级之间的关系。下

面从国内外两个方面阐述有关研究结论。

（一）国外学者对人力资本与产业结构升级的关系研究

通过对现有文献进行梳理后笔者发现，国外学者对人力资本与产业结构升级之间的关系以及互动发展的研究主要体现在以下几个方面。

为了探究经济增长的决定因素，舒尔茨于1961年最先提出了现代人力资本理论。1986年，罗默通过分析开发了一个知识溢出模型，突出了人力资本在经济增长中的重要作用。1988年，卢卡斯（Lucas）从微观理论的角度作用机理出发，在经济增长模型中将人力资本作为独立变量进行分析，并发现产业健康发展和经济持续增长的决定性因素是人力资本的积累。

步入21世纪后，大卫·布鲁姆（David Bloom）和杰佛瑞·威廉森（Jeffrey Williamson）在研究人口转变与东亚经济增长的关系时提出了“人口红利”的概念，他们认为人口红利会从劳动力供给、储蓄率和人力资本三个方面对经济产生影响。而艾琳娜·索契卡（Elena Sochirca）通过实证研究发现，人力资本的认知能力对技术创新及技术推广都有着显著的作用，人力资本可以通过技术进步促进产业结构的升级。此外，格雷戈里和维森特（Gregory & Vicente）从生产角度切入，提出人力资本积累之所以能促进产业结构升级，是因为人力资本在生产过程中发挥内在效应和外在效应，由此提升了劳动者的技术能力和生产率。

（二）国内学者对人力资本与产业结构升级的关系研究

相较于经济体系成熟的西方国家，我国目前正处于产业经济转型的关键阶段，人力资本及其结构与产业结构之间存在诸多不协调，引起国内学者的广泛关注。具体而言，我国关于人力资本与产业结构升级关系的研究主要包括以下三个方面。

1. 人力资本积累与产业结构的关系

张少红认为，人力资本对于要素的流动、技术的进步、生产率的提高具有重要的意义，对我国产业结构的优化具有重要作用；侯亚飞认为，人力资本积累及优化合理配置可以提高产业结构变动率，从而带动经济增长；刘克逸认为人力资本是决定产业国际竞争力高低的关键因素；吴国强、鲍旭辉等人运用VEC模型分析了人力资本的积累结构，发现其对区域产业结构升级具有显著的影响；张若雪认为，技术进步与人力资本投资存在互补性，人力资本通过技术进步对产业结构产生影响；黄文正通过建立VAR模型研究表明，人力资本积累有助于提高产业转换的承受力，对产业结构升级有明显的支撑作用；高锡荣、胡小娟和张薇以日本为研究对象，通过格兰杰因果检验，得出结论：人力资本积累对产业结构升级具有明显的推动作用。

2. 人力资本结构与产业结构的关系

张俊莉阐述了西部地区的人力资本结构与产业结构存在的矛盾；尹江川认为，人口素质低、人力资本短缺、人才结构失衡等问题影响了我国产业结构的升级；刘桂芝、张肃认为，人力资本是推动产业结构升级的主要因素；刘军认为，人力资本配置不当是我国产业结构失衡的主要原因；崔建华通过实证检验发现，人力资本结构对产业结构无论是短期作用还是长期作用都有重要影响；唐辉亮发现人力资本结构与技术资本配置结构影响和制约着产业结构升级；李福柱、李忠双用受教育年限与各产业就业人口的乘积来衡量人力资本的产业配置，并认为区域人力资本与产业配置结构的差别是产业结构变动的主要原因；杨爽、范秀荣构建出一个人力资本适配能力的指标体系，并指出人力资本适配能力可以推动产业结构升级；靳卫东认为，劳动力流动障碍导致人力资本区域间不平衡，从而使生产要素无法充分发挥效力，阻碍了产业结构升级；张鸿敏、鲍敦全建立了一个产业结构优化的评价指标体系，并提出人力资本投资结构失衡制约产业结构发展的论断；陈建军和杨飞认为，人力资本结构与产业结构具有匹配性，协调匹配的人力资本能够更好地推动产业结构升级，而人力资本中的高等教育投资能显著提升自主匹配性。

3. 人力资本质量与产业结构的关系

洪银兴认为，我国人力资本要素因质量差而影响了全要素增长率，全要素增长率要求产业结构做出结构性调整，进而转变经济增长方式；

张帆通过对我国的物质资本与人力资本进行估算，得出了“我国人力资本生产成本较低，产业结构应从劳动密集型向人力资本密集型转化”的结论；代谦、别朝霞建立了一个动态比较优势模型，并提出“人力资本外部性是产业结构升级的关键”的结论；张国强等人选取了我国部分省、直辖市、自治区1978—2008年的数据，以增长回归为基本框架，考察了人力资本对产业结构升级的影响，结果表明：人力资本水平显著促进了我国东部地区的产业结构升级；张丽、王静和张洪英基于协整和脉冲响应分析得出：人力资本水平的提高会带来第一产业比重的下降，第二产业比重的提高，但与第三产业不存在长期均衡关系。

此外，经笔者研究发现，我国有关人力资本与产业结构关系的研究中，大多站在三大产业的角度来分析产业结构的变化，很少对产业内部结构展开分析，一般研究将产业结构按三大产业划分，按要素使用结构划分的较少。而张桂文和孙亚南创新性地借用了物理学的“耦合”概念，采用灰色关联分析法测算了人力资本存量与产业结构演进的耦合度和关联度，发现两者虽有较强的耦合关联度，但程度并不理想，提出应加大创新人才和高技能人才的培养力度、促进产学研一体化，以提高人力资本与产业结构演进的耦合程度。

综上所述，人力资本的积累、结构的完善、质量的提升能够提高劳动生产率，促进技术升级，进而推动产业结构的优化升级；同时，产业结构升级对人力资本的配置也具有反作用，两者之间存在相互耦合的关系。

二、技术创新与产业结构升级的关系研究

技术创新是推动产业结构调整、升级的强大动力，两者之间必然存在着某种相互联系、相互促进的良性互动关系，进而推动经济快速发展。基于此，下面从国内外两个方面阐述有关研究结论。

（一）国外学者对技术创新与产业结构升级的关系研究

经济学家约瑟夫·熊彼特（Joseph Schumpeter）最早把技术创新当

作一个与经济活动相关的概念，他突出强调创新对产业“破坏性创造”的作用，并借用生物学的术语指出，产业突变的过程就是不断从内部使经济结构革命化，破坏旧结构并创造新结构；埃尔赫南·赫尔普曼（Elhanan Helpman）针对发展中国家的特征，提出发展中国家可以通过弥补“技术缺口”来推动产业结构的升级与经济的持续快速发展，由此形成了“三缺口模型”理论；E.F.丹尼森（E.F.Benison）从理论上分析了需求结构因技术创新而改变，强调了技术创新对产业结构升级的贡献；保罗·罗默（Paul Romer）、吉恩·格罗斯曼（Gene Grossman）等人提出了内生经济增长模型，此模型将技术创新内生化，并得出经济能够长期增长的内生源泉是技术创新的结论；美国经济学家罗伯特·索罗（Robert Solow）在研究中发现，技术创新不仅对经济增长有着明显的促进作用，还能提高劳动者的生产效率。

为延续以上理论研究，国外学者进一步展开了相关的实证分析。迈克尔·佩内德（Michael Peneder）指出，产业部门间的劳动生产率因技术创新而得到提升，当生产要素从低生产率水平的部门向高生产率水平的部门流动时，产业结构就会发生转型；C.安东内利（C.Antonelli）认为，技术创新会影响产业动态，而产业动态又会影响技术创新的速度与方向。

（二）国内学者对技术创新与产业结构升级的关系研究

国内学者对技术创新对产业结构升级的作用也进行了研究，下面主要从理论和实证两个方面展开论述。

在理论研究方面，闰海洲认为，由于技术在经济系统中具有内生性，使得技术创新对产业结构升级存在动态影响机制；刘世锦、刘培林等人认为，今后中国劳动生产率的提升应由过去主要依靠技术追赶和要素跨部门流动向更加注重原始性创新和部门内部竞争转变。

在实证研究方面，马强和远德玉指出，技术创新决定着产业结构的变动方向；张永鹏、苟靠敏等人从全要素生产率的角度出发，验证了技术创新通过改变全要素生产率对产业结构转型升级做出的贡献；为探讨产业结构的动态发展机制，付宏、毛蕴诗等人通过建立出一个静态和动态的面板模型展开了实证，虽然未能观察到技术创新对产业结构升级的动态影响，但验证了技术创新对产业结构的积极推动作用；龚轶、王铮和顾高翔构建出一个具有微观基础及内生创新机制的产业进化模型，并得出结论：产品创新和过程创新规模的上升都会使产业结构朝着更合理的方向演进；陶长琪和周漩进行了面板平滑转换回归（PSTR）模型的实证研究，结果表明：技术创新对产业结构优化升级的促进作用可以通过集聚技术要素和创新要素来实现；林春艳和孔凡超建立出一个空间杜宾模型用来研究技术创新对产业结构的影响，结果表明：技术创新能够促进产业结构升级，且长期正向溢出效应明显。

三、人力资本、技术创新与产业结构升级的关系研究

人力资本是技术创新的源泉，技术要想进步，需要有与之相匹配的人力资本。为此，很多学者从技术创新与人力资本两大推动经济增长的关键因素展开研究。下面从国内外两个方面阐述有关研究结论。

（一）国外学者对人力资本、技术创新与产业结构升级的关系研究

尼尔森和菲尔普斯（Nelson & Phelps）把人力资本视为技术创新或模仿的源泉，认为人力资本对经济增长的促进作用主要体现在创新知识和加速技术的吸收与扩散两个方面，通过技术创新这一中介间接地对经济增长产生作用；罗默认为，技术创新是知识内生积累的结果，而知识积累的主体是人力资本，人力资本的积累和结构会促进技术创新，进而推动产业结构升级。

在人力资本与技术创新结合方面，雷丁（Redding）从理论上论证了技术创新、人力资本与经济增长之间的关系，并将技术投入和人力资本作为内生变量加入了技术增长模型，研究发现人力资本对于技术创新的影响存在两个阶段的闭值机制，只有当人力资本投资高于某一闭值时，才会对技术创新产生正向影响，促进经济增长；尼古拉斯・帕帕格奥尔

尤（Nikolaos Papageorgious）认为，研发活动的有效开展取决于中高等教育程度的人力资本，人力资本对技术创新具有决定作用；法布里齐奥（Fabrizio）提出，企业对新知识、技能的有效吸收和利用取决于人力资本积累，活动研发、技能吸收都需要足够的人力资本积累作为支撑；坎塞桑和西里夫斯托夫（Kancesand & Siliverstovs）研究发现，研发投入对产出的显著增长作用，需要知识和投入积累达到一个特定的闭值才能体现出来。

（二）国内学者对人力资本、技术创新与产业结构升级的关系研究

近年来，技术创新与人力资本的联动作用得到了国内学者的广泛关注。从研究如何实现经济均衡可持续发展的角度出发，贺俊、陈华平等人认为，提升研发投入和人力资本投入的效率比简单地扩大规模更能实现经济均衡增长的作用；张士斌、刘良灿认为，创新投资与人力资本投资已经成为一个直接作用于技术创新的联合决策；郭玉清、杨栋通过实证分析发现，中层次人力资本是技术创新的主要驱动要素，政府应通过外生政策变量引导落后地区跨越人力资本门槛，突破落后地区落后发展的均衡状态；张国强指出，人力资本的知识溢出效应及其特有的“做中学”模式，有效地促进了外部技术的吸收以及新技术的产生、运用，间接推动了产业结构升级；周少甫、王伟等人用分位回归的方法检验了人力资本与产业结构的关系，得到了与人力资本相适应的产业结构可以提高人力资本的产出效率的结论。

此外，高彩梅、朱先奇等人认为，地区人力资本投资存在门槛效应，要想有效地发挥地区人力资本投资后体现出的知识、技能等资源，需要跨越相应的人力资本投资的门槛值；郝金磊、姜诗尧利用2009—2013年中国省级面板数据，实证研究后得出结论：健康人力资本与科技创新效率的交互作用对产业结构升级、经济增长的促进作用更为明显；刘耀彬、杨靖旭等人通过建立面板门槛回归模型，结合2000—2014年我国的宏观数据进行了实证研究，他们认为技术创新投入对经济增长的作

用可能基于人力资本的门槛效应，但并未对技术与人力资本对产业结构的升级作用做出解释。

综上所述，人力资本与技术创新存在良性互动关系，二者只有协调发展，才能更好地促进经济增长。需要注意的是，以上文献大多针对技术创新、人力资本对经济增长的作用展开研究，较少涉及对产业结构优化升级作用的研究。

第二节　人力资本促进产业结构升级的作用机理

人力资本作为经济增长的内在核心力量，对于现代产业经济的发展具有重要影响，产业结构的升级与经济的可持续发展在很大程度上都受制于人力资本的发展水平。总的来说，人力资本对产业结构升级的促进作用主要表现在以下几个方面。

一、人力资本的流动与配置对产业结构升级的促进作用

（一）人力资本的流动与配置的概念以及产业结构升级的一般规律

人力资本的流动与配置是指为了产业发展的目标及与物质生产资料结合生产的需要，具有一定知识、技能的劳动者按照直接主观意愿或者间接产业引导，在不同区域、产业、部门和岗位之间的流动和迁移。因为人力资本水平要与相应的区域产业发展水平相适应，所以人力资本在区域产业间的流动与配置会受区域内产业发展的引导，对区域产业结构的升级具有重大的影响。人力资本作为产业发展最重要的一环，其流动与配置将会提高区域生产率，进而促进区域产业结构升级；反之，人力资本的流动与配置的不合理，将导致生产率降低，出现区域产业结构发

展不均衡、不合理、不协调等问题，阻碍经济的发展，从而无法发挥出人力资本对产业结构升级的促进作用。

产业结构的变化表现出一定的规律性：在经济发展初期，第一产业作为国民经济的主导及支柱型产业，在国民经济中的占比很大；随着经济的发展与国民收入的不断提高，第二产业比重快速上升；随着第三产业的发展，第二产业的比重又逐渐下降，第一产业则呈现出持续下降的趋势。在此过程中，第三产业的变化最大，从最初的小规模发展逐渐成为替代第一产业的国民经济支柱。由此可见，人力资本在产业间的流动与配置在很大程度上会随着产业结构的变化而改变。此外，17世纪提出的配第·克拉克定理也指出，随着经济的发展与国民收入的提高，劳动力的转移规律遵循产业结构变化的规律，这一规律的重要特征之一就是第三产业所能吸纳的劳动力占比最大。

综上所述，人力资本的流动与配置规律应与区域产业结构升级的规律保持一致，遵循区域产业发展的目标，最大程度地发挥人力资本的效能。

（二）人力资本的流动与配置对产业结构升级的促进作用

一个产业的形成与发展在很大程度上受制于区域内生产要素的数量与质量，而区域产业竞争优势的形成在很大程度上依赖于生产要素的配置效率和使用效率。而人力资本作为生产要素中最重要的一环，劳动力的数量与质量会极大地影响其他生产要素在生产中的配置及使用效率。因此，在众多生产要素中，人力资本对产业结构升级的影响最大，人力资本的流动与配置会对产业生产中技术、自然资源、管理等要素效应的发挥产生影响。

随着社会的发展，劳动者作为理性的个体，会对更好的工作机会、更高的报酬以及更高的社会经济地位产生需求，这是人力资本在产业内部与产业间流动的根本动因。与此同时，随着技术的进步与人力资本投入的增加，劳动者的素质可以得到明显提升，人力资本的结构和水平也会不断升级，而劳动力配置结构在产业间的优化促进了产业结构的升级。

具体而言，生产效率的提高可以从以下两个方面影响劳动力在产业间的流动与配置：一是随着成本的下降与要素使用效率的提升，企业不断扩大生产规模，增加了其吸纳的劳动力数量，从而吸引其他产业劳动力的流入；二是生产规模保持不变，更高的技术水平与劳动回报率。要求更具能力的劳动力加入，从而吸引更为优质的劳动力的转移。

综上所述，遵循产业演进规律的人力资本在产业间的流动与配置，能够促进产业的合理调整，推动产业结构的升级。

二、人力资本投资通过需求结构变化促进产业结构升级

通过加大人力资本投资可以提高劳动力的知识水平、技能、社会生产能力、管理能力等，即提高人力资本水平。提高人力资本水平能够得到更多的生产资料，进而提升生产资料的产出效益，创造更多的价值。人力资本水平提升的表现为：随着劳动力质量的提高，扩展了劳动边际收益曲线，单位时间内生产产品的数量得以增加，生产产品的成本得以下降，抵消了部分边际收益递减的作用，使产业生产的利润率维持在较高水平。人力资本水平提升又会提升劳动力的边际生产力，提升对其他生产要素的综合推动效率，增加人均产出，增加劳动者的收入。而收入水平的改变会对社会的消费结构和需求结构产生重要影响，如前文所述，需求结构的变化升级会对产业的发展起到重要的引导与推动作用，从而促进产业结构升级。

综上所述，随着人力资本投资的增加人力资本水平会提高，人力资本水平的提高又会带动劳动者收入的增长，使得整个社会人力资本投资力度有所提高，进而普遍提高社会居民的收入。与此同时，随着收入的增加，人们的需求的重点会向高层次转移，即从满足基本生活的必需品消费范围过渡到娱乐、旅游、奢侈品等满足人们精神文化的消费范围，从而引致全社会消费与需求结构的改变。与技术创新一样，由于人力资本投资变化导致的这种需求结构的改变也会促进产业结构升级，具体作用表现为：由于人力资本投资增加，使得劳动生产率提高，引起居民收

入水平的提高，导致需求结构改变，从而促进产业结构升级。

三、人力资本投资对区域产业结构升级的支撑作用

人力资本投资对区域产业结构升级的支撑作用主要表现为：在产业结构升级的过程中，技术重大变革的出现会导致产业产生激烈动荡，而人力资本投资的增加将加大人力资本供给，增加人力资本存量，从而提高产业弹性、增强产业结构转换能力。

（一）加大人力资本供给有助于提高产业弹性

生产方式、投入要素的改变可以推动产业结构升级，新的产业结构会对原有的和新的生产要素的再分配起到导向作用，而生产要素在区域产业内的重新配置又可能使生产要素以新的形式加入新部门的生产。从理论上讲，生产要素这种再分配的转移有两种形式，即增量转移与存量转移。增量转移是生产要素转移的常见形式；存量转移是指生产要素完全脱离原有部门的生产，加入新部门的生产。实际上，生产要素在新生产部门与其他要素融合与适应的情况在很大程度上决定了产业重大变革能否顺利进行。而产业弹性就是所有生产要素相互适应性的综合体现，较高的产业弹性有助于产业结构变革的顺利进行，可以提升产业结构的稳定性。

引起产业结构发生质变的最根本的因素就是技术创新，技术创新通过对现有生产设备的改变及新的生产要素的创造与引进，可以在显著提升产业生产效率的同时，加大产品输出的广度，提高产品输出的质量。然而，新技术、新设备和新生产要素对生产效率的提升以及对产品输出的改善需要加入更高质量的人力资本与之匹配。这是因为高质量的人力资本具有较强的知识储备、技术能力与创造能力，能迅速学习掌握新技术与新设备，使新旧生产要素的融合适应速度更快、生产流程的转换更加顺畅，从而在产业结构变动中提高产业弹性。

此外，由于产业结构升级会引起各生产要素的重新配置，在产业转换过程中，可能会出现产业结构与劳动力结构不匹配的问题，从而引致

一些显性或隐性的结构性失业。而作为高级要素投入的高质量劳动力，具有更强的知识和技能储备，能较快地适应新的生产环境，使得其必然能提高产业弹性。

（二）增加人力资本存量有助于增强产业结构转换能力

在产业结构变革的过程中，原有产业的生产方式、生产要素配置、产品产出等方面都发生了重大变化，产业间原有的技术联系也发生了巨大变化，产业进入变革的混沌期，具体表现为以下四种现象。首先，产业结构升级过程中，会出现产业不均衡发展的现象。产业部门投入的加大与技术创新的实现存在时间上的非同步性，技术创新可能需要十年甚至更长时间的连续投入才能出现成果，而且不同部门对技术的吸收效率也存在差异，这样一来，可能会加剧产业间的非均衡发展，尤其在产业结构升级初期更为明显。其次，各产业部门的不均衡发展，将直接导致劳动者收入差距扩大，社会矛盾问题凸显。再次，由于厂房与设备等固定资产的特殊性，使其在产业结构升级过程中无法快速转移与变现，会与新的设备产生摩擦，从而加剧产业变革中的不稳定性。最后，原有的供求关系和销售渠道将不再适应产业内改变了的各种生产流程、技术和管理，需要重新打通与配置，导致在短期内会出现“真空”现象，进而导致产业的产出、销售遇阻。由此可见，产业结构升级初期的混乱无序会对产业部门造成极大的冲击，只有具备较好承受能力的产业部门，才能成功度过混乱时期，实现更好的发展。

综上所述，劳动力作为产业生产过程中最核心的要素，是产业结构形成的先决条件，具有适应与结合其他生产要素以推动生产的能力。高质量的人力资本能较快适应产业结构升级时期的各种变化，促进产业间新的产业关联的形成，从而在新兴产业的生产要素的配置中起到更大的主导作用。同时，充足的人力资本存量与合理的人力资本结构，能够增强产业结构转换能力，从而帮助产业部门更平稳地度过产业结构升级的无序时期，促进产业结构顺利升级。

第三节 技术创新促进产业结构升级的作用机理

一个国家的产业结构的优化升级主要受经济体制、自然资源禀赋、知识与技术结构、人力资本规模与需求结构、国际贸易等基本因素的制约。技术创新、知识创新、人力资本积累不仅是推动经济增长的核心力量，也是产业结构升级的核心动力。本节重点从直接推动和间接拉动两个方面来阐述技术创新对产业结构升级的影响。

一、技术创新直接推动产业结构升级的作用机理

技术创新对产业结构升级的推动作用主要通过加速产业改造升级和改变生产要素供给结构来实现，具有直接性。加速产业改造升级是指通过改造传统产业、发展新兴产业、促进技术密集型产业发展等方式来推动产业结构升级；而改变生产要素供给结构是指通过改变生产要素投入、提高生产要素使用效益等方式来推动产业结构升级。

（一）技术创新加速产业改造升级

1. 技术创新改造传统产业

传统产业主要包括农业、制造业、煤炭、钢铁等产业，相对于高新技术产业而言，传统产业的技术水平较为落后。各国工业化进程的经验表明，随着技术进步，产业结构升级，新兴产业应运而生，并成为促进经济增长的新兴力量。虽然传统产业在经济中所占的比重逐渐下降，但仍是推动经济发展的重要力量，始终占据着主导地位。由此可见，改造传统产业是一个地区产业结构升级的重点。当前，我国传统产业总体呈现出竞争力不足、产业技术水平低、产品技术含量低、产业管理水平和效率不高等问题，严重制约了传统产业的改造升级。传统产业要想提

高竞争力和生存能力，只能依靠技术创新，具体原因体现在以下两个方面。

一方面，技术创新是传统产业升级换代的必然选择。传统产业随着时代的发展逐渐用电子信息等高新技术替代以前的旧技术，对原有设备进行更新，使生产率得到提高；通过改进产品的生产技术、生产工艺、内部分工、流通仓储等环节，促进生产部门生产效率的提高和流通部门管理效率的提高，有效提升产业的科技含量与质量，最终增强产品在市场中的竞争力。同时，技术创新在一定程度上可以改变传统的劳动密集型产业的特征，通过高科技对部分劳动力的替代，带动技术的提升与成本的下降，从而增强传统产业的核心竞争力。

另一方面，技术创新可能会创造出新的、满足人们不同需求的产品，创造出新的产业。随着经济的不断发展、国民收入的不断提升，社会需求也在不断发生变化，不适应社会需求变化的产业将被替代，以此促进新的产业的出现，进而推动产业结构升级。以物联网和互联网技术的运用为例，目前很多工业企业都实现了线上线下交易，通过大数据分析，实行实时的智能化识别、跟踪、监控和管理，有利于制定更合理、高效的生产策略。由此可见，技术创新对产业结构升级的作用以较高的技术水平为支撑，可以使传统产业展现出新的活力，使其内容更加丰富。

2. 技术创新发展新兴产业

产业经济学原理指出，产业内部与产业间具有动态的相互联系性，传统产业与新兴产业都是产业结构的组成部分。产业结构的升级，是指技术创新推动新兴产业崛起的同时，新兴产业逐渐替代与改造传统产业，引起不同产业在产业结构体系中比例的不断变化。

技术是推动产业结构升级的核心力量，技术革命、技术创新与技术扩散都会对产业结构产生重大的影响，特别是技术革命，往往会改变地区的产业形态，创造新兴产业。而新兴产业的形成与发展本质上是以新知识、新科学理论、新技术为核心内容的高科技在商业上的新运用。

具体而言，技术创新对新兴产业的促进作用表现在以下两个方面。一方面，技术创新带来的新技术、新工艺、新材料等为新兴产业的产生提供了基础。企业通过技术进步、管理创新推动了产品的创新，进而在一定程度上推动了新兴产业的形成。另一方面，技术创新是新兴产业发展的加速器。技术创新产生的新技术、新工艺、新材料等不仅可以转化为社会成果，使产品产出增加、竞争力增强，社会对产品的需求短期快速得到满足，还能产生实际的社会经济效益，推动新兴产业的快速崛起与发展，进而对区域产业结构的升级起到促进作用。

此外，技术创新以前所未有的力度拓宽了要素与劳动力的范围，开辟出新的生产领域，满足了人们不断变化的社会需求。而且，产业内部和产业间的生产在技术上也存在相互联系性，一项全新技术的产生或者产业技术体系的变革，都将改变产业内部与产业间的技术联系方式。这时，随着市场容量的扩张与社会需求结构的改变，社会分工被进一步的细化，丰富了产业产品和产业生产部门，从而形成了全新的产品和全新的产业部门。同时，产业内部与产业间的研发、生产、销售、仓储环节会更加细致化、专业化，使得一些专业化、效率更高的企业应运而生，企业可以将某些环节外包给这类组织运作，如此一来，不仅提高了效率，而且降低了成本。由此可见，内部和外部的双重作用引导新兴产业内部专业化分工的形成与发展，其带来的经济性能推动新兴产业的成长与扩张，使其在区域产业中的占比不断上升，进而推进区域产业结构的升级。

综上所述，近年来，高新技术的涌现与高新技术产业的崛起，不仅对产业结构升级产生了重大的影响，而且为知识经济的兴起和发展提供了技术支撑。例如，物联网技术的应用显著提升了企业在生产、销售、运输与仓储等环节的效率；以生命科学为基础的基因技术、生物技术和以互联网为基础的信息技术、大数据存储技术对各个产业的发展都具有重要的作用。

3. 技术创新促进技术密集型产业发展

作为技术创新最重要也是最活跃的主体，技术密集型产业具有研发投入多、技术密集度高、创新能力强、产品附加值高等特征，在产业体系内具有很强的技术关联效应和技术扩散效应，对产业结构升级具有极强的推动作用。从产业的技术关联效应这一角度出发，我们可以发现，各个产业部门间的发展不是独立的，而是存在着某种联系，有助于产业之间信息、资源、技术等的学习、交换与渗透。因此，技术密集型产业的发展可以通过产业之间的联系对其他产业产生影响，促进其他产业的技术创新与发展，从而推动区域产业结构升级。从产业的技术扩散效应这一角度出发，我们可以发现，技术密集型产业通过加大研发投入来促进知识、技术的创新，从而改善要素的组合效应；通过将自然资源、资金、人力资本等生产要素组合转换为高技术产品输出，以此满足社会需求，创造出最优的经济效应，从而实现技术密集型产业的产业化；通过创新技术在产业内的应用以及在产业间的技术外溢效应，提升上下游产业的技术进步，提高相关产业的技术水平和产品的科技含量，并不断加强相关产业的技术渗透与融合，从而延伸技术产业链。

总的来说，目前，我国各大区域都在不断加大研发投入，加大技术创新力度，扶持技术密集型产业的发展，力求突破区域资源禀赋的限制，提升区域产业技术水平，推动产业结构升级。

（二）技术创新改变生产要素供给结构

1. 技术创新改变生产要素投入

技术创新会促进产业生产效率的提高，因此在相同生产要素投入的情况下，技术领先的产业其产出会高于其他产业，从而使得该产业生产成本的绝对降低。由于该产业的生产要素报酬[①]要显著高于其他产业，使得生产要素逐渐向技术水平更高的产业转移。根据供求理论可知，当生产要素在某产业的供给量增加，而生产要素的需求量无法与之匹配时，生产要素报酬将大大下降，从而使技术领先产业的生产成本相对降低。同时，根据比较优势理论可知，技术领先产业会因绝对成本和相对成本的联合优势而获得较快的发展，使得其在区域产业中的占比不断上升，

① 生产要素报酬是指对占用和消耗各种生产要素的报酬。

从而促进区域产业结构升级。这就是生产要素投入量改变产业结构的理论依据。

自然资源对区域产业结构的特征与发展有着重要的影响。相关资源丰富的地区可以利用资源的比较优势发展资源聚集型产业，通过技术创新更好地利用丰富的资源以达到产出的最优化。而自然资源相对匮乏的区域，更需要通过技术创新突破区域资源的硬性约束，合理利用有限的资源，提升资源的综合产出效益。由此可见，技术创新不仅实现了生产的集约化与规模化，降低了生产对资源的依赖，提高了资源的使用效率，而且为突破区域的资源约束提供了技术支持。此外，新技术的开发还使得利用太阳能、水能、风能、核能等新能源成为可能，扩展了区域自然资源禀赋的边界。

综上所述，技术创新通过改变生产要素投入，不仅能提高资源的综合使用效率，提高资源型区域产业的产业优势，而且能通过技术的突破使利用新能源成为可能，使资源匮乏的区域拓宽资源使用边界，推动区域内新能源产业的发展，推动产业结构的升级。

2. 技术创新提高生产要素使用效益

由前文可知，加大生产要素的投入能够推动产业生产率的提高，促进产业规模的扩大。而通过提高生产要素的使用效率，不仅能使生产要素投入保持不变，而且能提升产业效益以推动产业发展。一方面，技术创新可以通过对生产、销售、流通等各个环节的技术进行改进，提升企业生产要素的使用效率；另一方面，技术创新也可以创造出新的生产方式，突破区域自然资源禀赋的限制，通过改变土地、资本、劳动力等生产要素在生产中的相对比例，改变生产要素的固定配置与使用效率，从而提高生产要素在企业生产过程中的总体效益。

需要注意的是，产业劳动生产率的提高是产业结构升级的内在动力，而技术创新是提高产业劳动生产率的最有效手段。技术创新对生产方式的改进、生产技术的创新、劳动者技能的提升，都能够促进产业的劳动生产率。总的来说，借助技术创新，企业可以采用更为先进的生产方式、劳动手段、管理方式，改善生产的各个环节，优化生产要素的配置，从而降低生产的整体能耗，在不增加生产要素投入的情况下增加产出，提升生产要素的使用效益。此外，作为经济增长与产业结构升级内在影响因素的技术也是一项生产要素，技术参与生产过程会提升其他生产要素的边际生产力，改变其他生产要素在生产函数中的投入配比，提高生产要素的使用效益。

二、技术创新间接拉动产业结构升级的作用机理

与直接推动不同，拉动是指技术创新通过改变需求结构来实现产业结构的升级，具有间接性。而需求结构的改变主要是通过产品技术含量与质量的提升、增加甚至创造市场需求来实现的。

经济增长和产业结构升级都是为了提高国民生活水平，满足人们日益增长和不断变化的社会需求。随着人均收入和人们生活水平的不断提高，人们的消费能力大大提高，消费结构逐渐升级，使得人们的需求从最初对满足基本生活的需求，发展到对耐用性生活产品的需求，最后上升到对娱乐、旅游、健康等追求生活质量的需求。对此，企业只有不断地加强自身产品的技术水平与质量，创造出新的消费需求产品以满足不断升级的需求结构，才能在市场中保持自身的竞争力。研究表明，需求结构与技术创新之间存在极强的互动关系：以满足需求结构为导向的技术创新，可以促进产业技术水平的提升与产出的增加；而技术创新又会创造出新的消费需求，加速需求结构升级，进而推动产业结构升级。由此可见，产业结构升级的最终拉动力量是要适应不断变化升级的需求结构。

社会存在很多未被发掘或者已被发现但当下技术水平无法满足的潜在需求，技术的限制阻碍了新的产业与产品的产生。一旦技术水平取得突破进展，消费者的潜在需求就会被新产品满足。与此同时，需求的不断增长与消费群体的扩大，会促进新产品生产规模的扩大，从而推动新产业的形成与发展。而新产品所创造的经济效应又会带动产业内部技术水平的不断进步，改善产品生产、管理、流通等环节的效率，不断提高

产品技术含量与质量，最终由于产品质量的提高和价格的下降，导致需求量呈爆发式增长，从而改变需求结构（需求表现为兴起—发展—爆发增长的过程）。综上所述，技术创新对需求结构的改变，导致新产品、新产业逐渐改造和替代原有产业，从而不断推动产业结构升级。

第四节　人力资本、技术创新促进产业结构升级的作用机理

人力资本是技术运用与创新的主体，是能够通过自我学习、工作掌握知识、积累经验，对外来技术进行吸收应用和自主创新的组合体。技术是在长期的生产和生活实践中，个体对知识、技能、经验和生产方式的积累、掌握与再创造的总和。正是由于个体对技术的不断精进与创新，更新了生产生活方式，使得机械制作、智能控制、信息化集成与处理逐渐取代了传统制造，提高了社会生产效率，提升了产出效益，促进了产业结构升级。由此可见，增加人力资本投资、促进人力因素效率的全面改善，包括增加存量与结构合理化，将为技术创新积累人力资本上的先决优势。

从生产的角度分析，技术创新实质上是技术知识进入生产环节与人力资本互动，共同推进生产的过程。当技术成为改进生产与增加产出的关键因素时，其效力要想更好的发挥，需要匹配更高质量的人力资本。由此可见，人力资本的提升是技术创新所需的基本条件。在持续的生产中，随着劳动者素质能力的提高与经验的积累，其在实践中的创造能力也在不断提升，人力资本又对技术创新起到了支撑作用。此外，劳动力是产业生产的核心因素，协调配置其他的生产要素共同推进生产，在社会经济发展中占据着核心位置。在科技领域的资金投入，配合不断提升的人力资本水平，可以进行持续性的研发工作，创造更高效率的技术与更多样化的产品，从而推动产业内部的技术革新与进步。这是推动产业

结构升级的关键因素。

综上所述，提高产业技术使用率、资本产出弹性不仅能够提高劳动生产率，还能在自身自然资源相对稀缺的情况下提高人均产出，从而推动产业发展。而个体是生产与创造的基础，高质量的人力资本是技术创新的基础。在产业发展中增加技术创新活动的投入，提高人力资本水平，可以显著提升人力资本的资本和劳动比率，提升技术创新与技术的使用效率，从而加快产业结构升级。

第三章 产业结构升级过程中我国人力资本投资局限性研究

因为投入结构在很大程度上决定着产出结构，所以作为一种产出结构，影响产业结构变动的最直接因素就是投入结构。除此之外，影响产业结构的因素还有技术进步、消费需求结构、资源禀赋等。

产业结构从广义上讲包括产值结构、就业结构等；从狭义上讲就是指产值结构。因为本书的研究视角是人力资本投资对产业结构升级的影响，所以本书所讲的产业结构是狭义的产业结构。在本书中，产业结构的基本含义是：国民经济各产业部门间及各产业部门内部的构成，以及它们之间的经济联系和数量对比关系。同时，我们还要明确以下几个概念：产业结构的变动是由于产业部门的产出增长速度不同；产出增长速度取决于生产要素在各产业间的投入数量、质量及比例关系，也就是说，生产要素投入的变动会直接导致产业结构变动；人力资本投资对产业结构的影响本质上是一种投入要素对产业结构的影响。

产业结构升级是指生产要素与资源从劳动生产率低的部门向劳动生产率高的部门的转移。新增的生产要素和资源向劳动生产率高的产业部门流动，会导致劳动生产率高的产业部门在国民经济中的比重不断增加，并促使其他产业部门的劳动生产率提高。产业结构升级的过程大致表现为：第一产业、第二产业和第三产业在国民经济中所占主导地位的依次更替；在第二产业内部结构上表现为，从轻工业到重工业到高加工度工业再到高新技术产业的发展趋势；在第三产业内部结构上表现为，从生活型服务业向生产型服务业转变的趋势；在生产要素密集程度上表现为，从劳动密集型产业向资本密集型、技术密集型产业结构升级的过程。综上所述，本书对产业结构升级过程的研究侧重于：产业结构从以劳动密集型产业为主向以资本密集型、技术密集型产业为主升级的过程。基于此，本章主要分析产业结构升级过程中人力资本投资的局限性、局限性造成的影响及其成因分析。

第一节　人力资本促进产业结构升级的一般模式、表现和影响因素

一、人力资本与产业结构升级的主要测度指标

（一）人力资本的测度指标

人力资本的测度指标是研究人力资本的关键工具，对人力资本进行测度能帮助人们更好地估算人力资本与其他变量的内在关系以及人力资本对经济发展的贡献，从而为相关政策的制定提供依据。人力资本的测度方法常用的有以下几种。

1. 收入法

收入法，又称“收益法”，是指通过人力资本收益反映人力资本水平与人力资本存量的方法。以收入法估算人力资本存量的方法大致有以下三种。

（1）未来收益现值法

该方法由杜布林（Dublin）和洛特卡（Lotka）提出，是通过估算被评估资产的未来预期收益并折算成现值，借以确定被评估资产价值的一种资产评估方法。

其计算公式如下：

$$P=\sum_{t=1}^{n}\frac{A_t}{(1+i)^t} \tag{3-1}$$

式（3-1）中，P——为被评估资产现值；

t——未来预期收益期数；

A_t——第t个收益期的收益额。

在实际应用中，使用未来收益现值法测度人力资本时存在如下缺陷：折现率难以确定；劳动者的报酬并不能真实反映劳动者的贡献；等等。

（2）LIHK法

LIHK（Labor Income-Based Human Capital，简称LIHK）法是由凯西·莫里根（Casey Mulligan）和泽维尔·萨拉·马丁（Xavier Sala Martin）提出的一种估算人力资本有量的方法。这一方法把教育作为人力资本积累的最重要途径，并假定："没有任何教育经历的劳动者在任何经济体、任何时间点上具有相同的人力资本单位（设人力资本单位等于1）。"这样一来，如果将经济体所有劳动力的人力资本用这一单位来计算并加总，就可以得到经济体总的人力资本存量（下面简称人力资本总量）。

因为在同一经济环境下，劳动者工资的差异源于人力资本的差异，所以只要能够估算出一个经济体单位人力资本的工资水平，然后用劳动者的实际工资与之对比，就能估算出不同劳动者的人力资本，最后把所有劳动者的人力资本相加即可。常用的单位人力资本工资的计算方法有两种。第一，从劳动力工资数据中直接抽出那些没有受过教育的劳动者的工资，并以此作为单位人力资本工资的代表进行测度。第二，用明瑟收入方程，对各经济体中劳动力的工资数据进行回归，取其常数项作为未受过教育的劳动者在相应经济体中所得到的工资。

具体而言，用LIHK法估算人力资本水平总量的流程如下。

首先，假设人力资本总量的计算公式如下：

$$Y=K^{1-\beta}(AH)^{\beta} \tag{3-2}$$

式（3-2）中，Y——经济体的产出总量；

K——经济体的物质资本总量；

H——经济体的人力资本总量；

A——经济体的技术水平总量；

β——有效人力资本的产出弹性，$\beta \in (0,1)$。

根据生产要素报酬的边际生产力决定理论可知，劳动者的工资取决于劳动类的边际生产力水平，再结合人力资本总量与劳动类总量的关系，即人力资本总量（H）=人力资本平均量（h）×劳动力总量（L），可以得到计算人力资本为h的劳动者工资的公式：

$$w(h)=\beta K^{1-\beta}(AH)^{\beta} \tag{3-3}$$

式（3-3）中，k——人均物质资本量。

其次，在前文提及的假定条件下，设单位人力资本形成的经济体的技术水平为A_1，因为人力资本是固定的，所以A_1是一个常数。根据式（3-3），我们可以得到单位人力资本个体的工资水平为：

$$w(1)=\beta K^{1-\beta}A_1^{\beta} \tag{3-4}$$

由于人力资本为h的经济体的技术水平与之间存在$A_h=hA_1$的关系，将式（3-3）与式（3-4）等号两边相除，可以得到如下公式：

$$\frac{w(h)}{w(1)}=h^{2\beta} \tag{3-5}$$

整理可得：

$$h=\left[\frac{w(h)}{w(1)}\right]^{\frac{1}{2\beta}}\frac{w(h)}{w(1)}=h^{2\beta} \tag{3-6}$$

最后，利用式（3-6），再结合查询到的劳动力总量，就可以计算出人力资本总量了。

需要注意的是，LIHK法测度人力资本存在一些缺点，包括：影响工资的因素除了人力资本前期投入之外，还有经济体分配制度；由于工资易变，使用这种方法估算出的人力资本的波动性较强，对于工资水平会相当敏感。尽管如此，LIHK法确实提供了一个关于人力资本存量测量的新思路。

（3）终生收入法（J-F法）

该方法由美国经济学家乔根森（Jorgenson）和弗劳梅尼（Fraumeni）首先提出，是以个人预期生命期的终生收入的现值来衡量其人力资本存量的是目前国际上应用范围最为广泛的一种方法。终身收入法的测度步骤为：首先，假设个体的人力资本价格就是该个体预期生命期的未来终生收入的现值；其次，把一个国家的人口按照性别、年龄、受教育程度分为不同的群体，然后加总不同群体预期生命期的未来终生收入的现值，得到这个国家的人力资本存量；最后，把生命周期划分为五个阶段，使用倒推的方式计算终生收入，即先计算最后一个阶段的未来终生收入，然后依次向上一阶段推算。

总的来说，终生收入法能够合理地反映出教育、健康等长期投资对人力资本存量的重要作用，但因为未来收入具有不确定性，所以这种通过预期未来收入来确定人力资本存量的方法是不全面、不准确的。

2. 投资成本法

（1）成本累积法

该方法由加里·贝克尔（Gary Becker）提出，其估算人力资本总量的公式如下：

$$k = x + y + z + c \tag{3-7}$$

式（3-7）中，k——人力资本总量；

x——受教育所花费的成本（直接成本），包括正规教育（基础教育和专业教育）和在职培训教育成本；

y——受教育放弃的工作收入（间接成本或机会成本）；

z——保持健康所花费的成本；

c——迁移和收集信息的成本。

需要注意的是，在实际计算时，为了简化步骤通常会省去z和c。

累计成本法的不足之处在于：一是忽略了个体的禀赋资质、家庭背景和环境对人力资本的影响；二是有些投入要素难以估算，容易导致人力资本存量的测度出现偏差；三是对教育投资中个人投资部分的估算比较困难（国家投入的部分比较容易获取数据）；四是不同年代投入成本价格的折算比较困难。

（2）永续盘存法

作为估算人力资本存量的基本方法，永续盘存法（Perpetual Inventory Method，简称PIM）的实质是将不同时期的资本流量逐年度调整、折算，以累加成意义一致的资本存量。也就是说，报告期人力资本存量等于前一期人力资本存量减去当期的折旧率，加上本期可比价投资形成的资本增量。

总体而言，在人力资本存量估算研究中，大部分学者遵循的基本思路是永续盘存法的变通。不过，按永续盘存法测度人力资本主要存在以下两方面的问题。第一，难以精确测度第一期的人力资本存量，虽然第一期的人力资本存量是过去投资的加总，但现有的获取基础数据的条件显然无法满足估算第一期人力资本存量的需要。第二，测度报告期的人力资本投资要比物质资本投资复杂得多：首先是人力资本投资范畴的选取，除了教育培训、卫生保健、流动迁移投资之外，现在无法确定是否将小孩的抚养支出、研究开发支出、家庭的教育和培训费用支出等支出纳入人力资本投资范畴；其次是不同类别的人力资本投资是否等同地作为人力资本投资总额的一部分进行处理。

3. 教育年限法

教育年限法由巴罗（Barro）和Lee（李）提出，他们认为正规教育是最为重要的人力资本生成途径，受教育年限不同的个体具有不同的人力资本，因此个体受教育年限的多少就决定了其人力资本水平的高低。当使用这一方法计算人力资本存量时，需要用到以下公式：

$$H=\sum_j h_j L_j \tag{3-8}$$

式（3-8）中，H——经济体的人力资本总量；

h_j——经济体中第j类教育阶段的人均人力资本，j是受教育年限，j=1，2，3…；

L_j——经济体中第j类教育阶段的人数。

教育年限法虽然是测度人力资本水平最常用也是最简洁的计量方法，但它同样存在一定的缺陷：第一，它假定每一种教育阶段的劳动者可以对其他教育阶段的劳动者进行替代，如大学教育阶段工人对小学教育阶段工人的替代；第二，它假定处于不同教育阶段的劳动者之间生产率的差别与他们的教育年限成比例，如假定拥有16年受教育年限的工人的生产率是只有1年受教育年限工人的16倍，并没有考虑他们之间的工资差别；第三，它假定不同组群工人之间的替代弹性是一样的；第四，它假定每一年教育给个体总是提供相同的技能增量，没有考虑学习专业、教师素质及教育基础结构等方面的差异；第五，它忽略了职业教育、培训、个体的社会经历等也是影响人力资本存量的重要因素。

（二）产业结构升级的测度指标

测度产业结构升级的指标主要有两种：一种是第一产业的劳动力占总劳动力的比例，这一比例越小则说明产业结构升级的速度越快，产业结构越高级化；另一种是经常使用的结构转换系数，即第一产业产值占国内生产总值的比例，这一比例越小则说明产业结构升级的速度越快，产业结构越高级化。

二、人力资本促进产业结构升级的一般模式

如上所述，随着人力资本水平的增长和发展，经济得以增长和发展，而经济的增长和发展实质上就是产业结构的升级。由此可见，人力资本对产业结构升级具有不可忽视的关键作用。

传统经济增长理论把劳动隐含在人均人力资本的变量中，认为只有物质资本才是经济增长和产业结构升级的唯一动力。随着人力资本理论和新经济增长理论的产生，人们彻底改变了对劳动这一要素的认识。传统理论之所以能够把劳动隐含在人均人力资本中，是因为劳动这一要素的同质性。事实上，正如人力资本理论和新经济增长理论所假定的，劳动不是均质的，而是异质的，因此劳动的投入应被视为人力资本的投入。具体而言，人力资本主要通过以下几种方式促进产业升级。

（一）通过改变生产要素的配置促进产业结构升级

人力资本作为一种不可或缺的生产要素，是产业调整和升级的主导因素。因为生产要素的配置结构反映了产业结构的变化，所以人力资本存量的多少会影响生产要素的结构配置及其效率。当人力资本存量较少时，生产要素的配置结构处于低端，导致产业结构低下，具体表现为：技术密集型产业、资本密集型产业发展相对不足，而劳动密集型产业过

度发展。从三大产业来看，第一产业占据绝对优势，第二产业和第三产业的占比较小。当人力资本存量较多时，生产要素的配置结构处于高端，引起产业结构升级，具体表现为：技术密集型产业、资本密集型产业趋于提升，而劳动密集型产业趋向减少。从三大产业来看，第一产业的占比下降，第二产业和第三产业的占比有所提高。

（二）通过提升生产要素的质量和效果促进产业升级

产业结构随着生产要素质量和效率的不断提升而变迁。人力资本水平的提高可以提升生产要素的效率，促使产业结构升级；人力资本存量的增加可以直接提高劳动者的生产效率和素质。此外，教育、培训、健康卫生、人口移动以及“看中学”“做中学”“研究与开发”等也是影响劳动者素质和生产效率的重要因素。需要注意的是，产业结构升级意味着效率的提升，意味着新技术、新工艺、新产品的出现，意味着操作技能更复杂、工作精度更强，意味着需要更强的适应能力。然而，只有人力资本水平的不断提升，才能达到上述要求，才能掌握并创造新技术、新工艺以及更为复杂、精度的操作技能，最终促进产业结构的升级。

（三）通过提升物质资本的生产效率促进产业结构升级

因为人力资本能够物化于物质资本，所以人力资本水平的提高可以提升物质资本的生产效率，进而推动产业升级。一方面，人力资本水平的提升可以通过劳动者技能的提高、操作工艺的改善而提高原有物质资本的生产效率，促进产业结构的优化；另一方面，人力资本水平的提升还会推动物质资本的不断更新，使更高质量、更高效率的新设备代替原有的旧设备，而物质资本的不断更新会直接推动产业结构的优化和演进。但是，如果仅有先进的物质资本，却没有高水平的人力资本与之匹配，那么其生产效率就会降低。例如，在20世纪80年代末至90年代初，我国曾引进了一批先进的技术设备，但因缺乏相应的技术操作能力而无法利用和维修设备，最终造成设备的闲置和浪费，产业结构自然无法升级。

（四）通过推动企业家的创新能力促进产业结构升级

根据前文研究可知，技术创新是产业结构升级的重要途径，而人力资本是技术创新的基础，人力资本水平的提高会促进技术的提升。因此，从一定角度来说，技术就是人力资本的替代变量。当前，以创新带动产业结构升级已成为产业调整的共识。熊彼特把创新理解为“把一种以前未有过的关于生产要素和生产条件的‘新组合’引入生产体系”，而“创新者”就是有远见卓识、有组织才能、敢于冒险的企业家。企业家的工作就是在生产过程中对生产要素进行重新组合，即对新产品、新生产方法、新市场和组织的开拓以及原材料的新来源进行控制，并通过创新、模仿、适应等手段，在激烈的竞争中推动经济的增长。在这一过程中，一些适应能力差的企业会毁灭，这一具有创造性的毁灭过程体现出创新在经济增长中的巨大作用。

整体来看，熊彼特的“创新理论”间接地揭示了作为创新者的企业家（特殊人力资本）与产业结构演变之间的关系。创新包括产品创新、工艺创新、市场创新、原料创新、组织管理创新（包括一定的制度创新）。其中，产品创新、工艺创新和原料创新与技术创新直接相关，市场创新和组织管理创新与企业家管理才能有关，但它们最终都与企业家有关。由此可见，企业家才能是一种特殊人力资本，对产业变迁具有预见、引导、组织、协调和推动的作用。因此，我们有必要对企业家这一社会角色展开分析。笔者认为，企业家是处于某一特定部门，从事特定产品的生产，以获取最大利益的一类社会成员，他们具有以市场为导向，以产业为依托，以及市场预见正确性和方向性等特点，对产业的动态发展和把握非常敏感。作为特殊人力资本的企业家推动产业结构升级的作用表现为：企业家通过组织各种形式的创新，将创新引入生产部门和产业中。这样做有两方面好处，一方面，改造了相应的传统产业部门，改善了各产业之间的比例关系，使产业结构趋于合理化；另一方面，促进一系列新兴产业的产生或者引起主导产业的更替，从而促使产业结构趋于高级化。

实际上，企业创新的所有形式都属于企业内部的制度创新形式。

企业的制度创新是以盈利为目的、以市场为导向，通过建立激励机制来鼓励创新的创新形式。这一创新形式是借产业变迁来实现的。当处于某一特定产业部门的企业家预测到新的市场需求机会出现或者看到某一技术可以带来更可观的潜在收益时，就会建立新的激励机制，以鼓励产品创新和技术创新；当企业在脱离传统产业转向新产业时，企业家会通过管理组织创新有效地整合各种资源以实现其目的；为达到提升生产效率的目标时，企业家会组织员工进行培训、学习、交流以及通过“看中学”“做中学”等形式提高员工的技术水平、操作技能及相关业务素质。由此可见，企业家的这些制度创新行为，不仅可以推动自身企业的发展，还可以带动相关产业的发展，从而对整个产业结构产生深远的影响。

（五）通过影响需求因素和消费结构促进产业结构升级

人力资本水平的提高可以通过影响需求因素而促进产业结构升级。从需求总量的变化来看，人力资本水平的提高会提升整个社会的收入水平和人均收入水平，进而提升顾客购买力的水平，最终刺激社会总需求增加。与此同时，人力资本水平的提升还能改变人们的需求结构，特别是消费结构。一般而言，随着人们收入的增加，消费结构由生存型向享受型、发展型转变，由日常消费品向耐用消费品转变。在这一转变过程中，教育、医疗保健、培训、服务等消费会逐渐增加，从而引发了整个社会产业结构的变化，并使产业结构向高级化演变。

综上所述，人力资本可以通过改变生产要素的配置、提升生产要素的质量和效率、提升物质资本效率、推动企业家的创新能力和需求总量和消费结构，再借助一系列转化，从而拉动产业结构升级。此外，人力资本水平的提高不仅能够弱化甚至抵消收益递减规律，从整体经济而言，还会呈现收益递增的特性；不仅能够提升传统产业资源配置的效率，还能够随着资源配置效率的提升带动产业结构升级。

三、人力资本促进产业结构升级的表现

研究人力资本与产业结构的相关性是制定产业政策和人力资本政策

乃至经济发展政策的重要理论依据。研究表明，人力资本与产业结构之间存在着一定的相互作用机制，其主要表现为人力资本对产业结构升级具有驱动作用，具体包括以下三个方面。

（一）人力资本的水平效应

人力资本的水平效应是指通过提高人力资本积累水平和投资水平对产业结构升级产生的影响。截至目前，研究人力资本水平效应对产业结构影响的文献较多。大多文献的研究结果表明，人力资本投资水平越高，人力资本积累速度越快，对产业结构升级的促进作用就越强。

具体而言，大部分文献从不同角度分析了人力资本的水平效应。例如，冉茂盛、毛战宾通过人力资本所具有的“要素功能”和“效率功能”，借助“做中学”和“知识外溢”效应，分析了人力资本驱动产业结构升级的内在动力；张俊莉以西部地区为例，分析了人力资本水平与产业结构协同性的重要性；张其春和都永勤认为，人力资本的有效供给不仅有助于提高产业的转换速度，促进产业结构的升级，而且雄厚的人力资本积累有助于增强产业创新；蔡晓珊等人研究了人力资本密集型产业发展的条件，并认为人力资本密集型产业发展是我国产业结构升级的必由之路。

总的来说，人力资本的水平效应表现在以下三个方面。第一，提高人力资本投资水平和积累速度有利于提升技术效率，从而推动企业的技术进步，而人力资本水平决定了选择技术的适宜水平以及技术进步的类型和途径。人力资本水平越高，企业拥有独立研发机构的可能性就越大，研发能力也就越强，进而越可能推动产业结构的升级。第二，人力资本水平的高低影响着东道国引进外国直接投资（Foreign Direct Investment，简称FDI）的数量水平和层次。发达国家FDI产业的选择倾向于将较先进的产业转移到人力资本水平不高但具有较强技术能力和竞争能力的发展中国家，以此推动当地产业结构的升级。第三，人力资本水平提高有利于产业的聚集。拥有较高人力资本水平的地区，其产业集群更具竞争力，产业结构升级的速度也就越快。

（二）人力资本的结构效应

尽管不少研究表明人力资本水平效应对产业结构升级具有正面影响，但是仍有部分研究显示人力资本的影响效果并不突出。具体表现为：一些国家和地区虽然人力资本水平较高或呈高速增长趋势，但是其并没有实现经济的快速增长和产业结构的升级。例如，19世纪60年代以前，韩国人力资本（教育）投资虽然增长迅速，但经济却不景气。再如，从20世纪70年代后期到20世纪80年代末，陕西省的人力资本强于浙江省，但陕西省的经济却落后于浙江省。

造成以上现象的主要原因是，忽略了对人力资本结构效应的研究。人力资本结构是指各类型人力资本之间的比例和相互作用的关系。人力资本结构大致可以按照人力资本的分布结构、投资结构、层次结构、分工结构和专业结构等类型来划分。而人力资本结构效应是指在人力资本总量水平既定的条件下，通过人力资本的配置结构对经济和产业所产生的影响。需要注意的是，它是通过优化人力资本结构的配置来提升人力资本水平效应，而不是通过提高人力资本积累水平和投资水平来提升人力资本水平效应。

1. 人力资本结构效应的类型

人力资本的结构效应可以分为产出效应、吸收效应、外溢效应、创新效应和协同效应，下面将分别展开介绍。

（1）产出效应

产出效应是指不同类型的人力资本作为一种生产要素投入生产过程中所产生的贡献。人力资本结构强调人力资本结构内部要素的合理化以及人力资本与外部要素的匹配度。合理的人力资本结构不仅可以有效地提升人力资本的质量，提高生产效率，而且可以提高其他生产要素的生产效率，对经济和产业具有很强的产出效应。虽然通过提高人力资本的投资水平和积累水平也可以提升经济和产业的效应，但是作为一种人力资本的水平效应，它必然会受到一定时点上既定资源和经济条件的制约，因此其增长速度会逐步递减。此外，由于人力资本水平效应主要是在假定人力资本为“同质”的条件下产生的，导致它无法凸显人力资本结构条件下的高质量人力资本对经济和产业的显著性影响。

（2）吸收效应

吸收效应是指不同层次的人力资本对知识和经验的学习和吸收能力。人力资本结构由不同层次、不同质量的人力资本构成，其中，高层次和高质量的人力资本（包括高知识、高技术、高技能和企业家人力资本）具有较强的学习能力和吸收能力。而人力资本吸收效应的大小取决于人力资本的质量。在人力资本存量水平既定的条件下，人力资本的结构越合理，其质量就越高；反之，如果人力资本质量很低，即便人力资本存量水平很高，也不会对知识、技术和经验具有很强的吸收能力。

（3）外溢效应

外溢效应是指不同层次的人力资本对他人和社会传授和传播知识、技能、经验和技术等的能力。人力资本结构由不同层次的人力资本组成，因此其外溢效应不尽相同，其中，层次越高的人力资本其外溢效应就越大，对社会的贡献也就越大。此外，拥有丰富专业知识的人力资本有条件也有能力将专业知识传播给周围他人和社会，并使其从中受益。因此，异质型人力资本，包括知识型、技能型、技术型和创新型人力资本比一般型人力资本所创造的外溢效应要大。

（4）创新效应

创新效应是指不同层次的人力资本对技术、产品、市场、管理和组织等的“创造性破坏”。因为创新效应通常只能在较强的吸收效应和外溢效应的基础上产生，所以常见的创新效应包括技术创新、产品创新、市场创新、管理和组织创新等。具体分析可知，技术型人力资本倾向于技术创新；企业家人力资本是市场创新和组织创新的积极推动者。由此可见，创新效应更多的是由智能型人才（异质型人力资本），而非一般型人力资本“创造”出来的。

（5）协同效应

协同效应是指不同层次的人力资本对生产要素有效配置和协调的功能。人力资本作为一种特殊的生产要素，它能够通过资源配置推动产业结构的调整和升级，从而达到“1+1>2”的协同效应。具体而言，要想实现协同效应，不同类型人力资本的职责是：政府人力资本从宏观层面组织、协调并推动经济发展和产业的转型升级；富有创新精神的企业家人力资本从微观层面上组织、协调各种层次的人力资本和生产要素，从而推动企业和产业的发展。

2. 人力资本结构效应的差异化表现

人力资本结构大致可以分为分布结构、投资结构、层次结构和分工结构四种类型，而每一类型的结构效应、效应机制和作用对象都有所差异，下面将分别论述。

（1）人力资本的分布结构效应

人力资本的分布结构是通过衡量人力资本总量在一个社会不同人群间的分配状况，以此说明教育不平等状况。[①]它是研究人力资本结构的重要指标，一般采用教育基尼系数[②]和教育标准差来衡量。人力资本分布结构的影响在于，人力资本分布不均既不利于知识和技术的吸收、创新与扩散，又影响收入分配，还会影响经济增长和产业结构的升级。

为了证明教育不平等会抑制总体经济的增长，国外许多学者从不同角度对多个样本国家展开了研究，如伯索尔（Birdsall）和隆多尼奥（Londono）从受教育年限的标准差的角度进行分析、托马斯（Thomas）等人以教育基尼系数的角度进行分析。同时，国内一些学者对中国的人力资本分布结构及其影响也进行了分析，结果表明：我国整体人力资本基尼系数较高，阻碍了经济增长和产业结构升级；各区域的教育不平等现象是造成各地区经济发展和产业结构升级差异的重要因素。

（2）人力资本的投资结构效应

人力资本投资结构是依据对不同人力资本类型（如教育、培训、医疗保健和人口迁移等）的投资而提出的。如何安排和配置不同类型的投

---

① 王艳涛，崔成．人力资本结构与技术创新模式关系研究 [J]. 技术经济与管理研究，2019(06):30-35.

② 基尼系数是国际上通用的、用以衡量一个国家或地区居民收入差距的一种常用指标。基尼系数最大为“1”，最小为“0”，基尼系数越接近 0 表明收入分配越是趋于平等。

资比例会直接关系到人力资本投资结构对经济和产业的影响程度。一般认为，在人力资本投资结构中，教育投资对经济的影响最大，其次是人口迁移投资。具体而言，教育投资与固定资产投资对经济增长的影响几乎同等重要，而且随着经济的增长和产业结构的升级，其作用会越来越显著。相对于教育投资，人口迁移或者说人力资本流动所产生的作用并未引起国内学界和政界的足够重视。就人力资本流动的影响而言，它是一个国家或地区经济发展与产业结构升级不可缺少的重要因素，甚至在一定的经济环境下，它能成为经济发展的直接推动因素。但是，人们总是忽略它的作用。此外，人力资本的流动还能够反映出人力资本在产业间的流动，特别是高质量的人力资本的流动，有利于知识和技术的外溢和吸收。

（3）人力资本的层次结构效应

人力资本层次结构是不同受教育程度人才在人力资本总量中的构成比例。教育年限法由于数据的易得性被广泛运用。一般认为，随着人均受教育年限的不断提高，人力资本结构会不断优化升级。但是，要想使经济发展和产业发展达到一定的高度，需要有相应的人力资本层次与之匹配。例如，夏内西（Sianesi）和范•雷南（Van Reenen）发现，在发展中国家提升小学入学率会导致人均GDP增加，而这一现象在大部分发达国家则不存在；提升发展中国家的中学入学率所提高的经济增长率高于发达国家。再如，阐丽新利用中国部分省、自治区、直辖市1996—2010年的面板数据，按照教育程度（包括小学教育、初中教育、高中教育和大专以上教育）等级分析了人力资本层次结构对经济结构转型的作用。研究表明：增加较贫困地区高中教育的人力资本投资有助于当地产业结构向第二产业和第三产业转型；而增加较富裕地区大专以上教育的人力资本投资会推动当地产业结构向第三产业转型。

（4）人力资本的分工结构效应

根据人力资本的社会分工和性质，人力资本结构可以分为一般型人力资本、技能型人力资本、技术型人力资本和管理型人力资本等。其中，后四种类型因不同于一般型人力资本，又被称为“异质型人力资本”；从创新的角度划分，后三种类型均属于创新型人力资本。具体而言，异质型人力资本可以通过影响技术创新对经济增长和产业结构升级产生作用。其中，技术型人力资本是技术创新的主体，对提高企业或产业的自主创新能力，扩大技术创新的扩散效应具有关键作用。就我国而言，我国异质型人力资本相对短缺、创新型人力资本对我国高新技术产业的贡献率整体偏低，这也是我国产业结构水平较低、升级缓慢的根本原因。

（三）人力资本的时间效应

人力资本的时间效应表现为人力资本的作用具有滞后性。人力资本在投入前期并不能对产业结构产生推动力，它主要体现在人力资本投入后期，并且作用一旦开始发挥效应就具有持久性。林凤和臧盛英通过实证分析表明，在短期内人力资本水平对于产业结构升级的作用不是很稳定，具有一定的波动性和滞后性，其作用机制要经过一段时间才能充分发挥出来。张其春通过数据验证得出结论：物质资本的积累可以在短期内通过加速投资实现促进经济和产业发展的目标，而人力资本却要经过一段时间才能发挥作用。以上结论证明了人力资本具有滞后性，这也说明了在经济发展和产业转型的过程中，人力资本必须率先发展。例如，安格斯·麦迪森（Angus Maddison）的经济史数据揭示了追赶国与被追赶国人力资本与经济增长的对比关系。在追赶初期，追赶国的人力资本积累（人均受教育年限）占被追赶国的比例总是高于追赶国的人均收入占被追赶国的比例，这证明了人力资本必须先行发展的假定；在追赶后期，随着追赶国人力资本的不断积累，其经济逐渐向被追赶国靠拢。

综上所述，本部分内容主要分析了人力资本驱动产业结构升级的表现形式，就其形式而言，包括人力资本的水平效应、结构效应和时间效应。虽然人力资本结构效应的作用强于人力资本水平效应的作用，但是如果没有人力资本的投资和积累水平的提升，人力资本的结构效应也难以发挥作用。此外，根据本部分的研究，我们可以发现：人力资本应先于经济和产业的发展，落后国家更应如此。

四、人力资本投资促进产业结构升级的影响因素

（一）人力资本投资通过改变生产要素投入结构促进产业结构升级

人力资本与物质资本及其他生产要素一样，是生产过程得以进行的必备要素。在传统经济中，人力资本被忽视的原因有二：一是传统农业生产以劳动密集型产生为主，劳动者数量对经济的影响更大；二是人力资本的生产和使用与生产过程融合在一起，它所花费的成本与其收益都不易被察觉。在现代经济中，工业化生产要求劳动者的质量与现代生产技术相匹配，以劳动者为载体的技术创新是经济增长的源泉，这使得人力资本成为生产函数中具有决定性意义的要素。

由前文可知，人力资本投资是人力资本要素的唯一来源，人力资本投资可以增加人力资本存量，即人力资本这一生产要素的供给量。由于生产要素具有互补性和替代性，而人力资本投资会引起不同物质资本投入量的变化，使得人力资本改变了不同生产要素投入量的比例关系，具体表现在以下三个方面。首先，人力资本投资提高了劳动者的知识、技能水平，增强了劳动者的身体素质，使劳动力这一生产要素的质量得到了提高，而高素质的劳动力的生产效率更高。其次，人力资本具有边际生产率递增的特性，人力资本投资不仅可以提高人力资本所有者本身的边际生产率，还可以提高其他生产要素的边际生产率。也就是说，人力资本投资改变了各生产要素的相对边际生产率，进而改变了各要素的相对收益，使得各生产要素的相对收益因人力资本投资的变化而发生变化，从而导致生产要素投入结构也发生了相应的变化。最后，人力资本的变化不仅可以提高劳动者的素质，而且可以改变其他生产要素的效能及质量。在生产过程中，劳动者素质的提高不仅要求有与之相匹配的劳动资料与劳动对象，还要求能够改进生产资料的质量与效能，从而使不同质量与效能的生产要素投入结构发生变化。

生产要素的投入结构是生产过程中所投入的生产要素的比例关系，在一定程度上决定了不同要素密集型产业的比较成本优势，从而影响着

产业结构变动的方向及方式。基于此，下面具体分析生产要素投入量和质量的变化对产业结构升级的影响。

1. 生产要素投入量的变化对产业结构升级的影响

生产要素投入量的组合不仅体现在产业间的配置比率上，而且体现在依各要素密集使用程度不同而形成的产业规模上。在其他生产要素投入量保持不变的情况下，如果增加一种生产要素的供给，就会扩大密集使用这种生产要素的产业部门的生产规模，从而导致其他产业部门的生产规模的缩小。否则，该生产要素的增加量就不能被全部利用。此外，如果人力资本投资增加了资本、技术等高质量生产要素的投入量，那么就会扩大了密集使用这些生产要素的产业的规模，增加了资本密集型产业、技术密集型产业在国民经济中的比重。也就是说，提高投入结构中高质量生产要素投入量的比例，可以提高国民经济中密集使用高质量生产要素的产业部门的比例，促进产业结构升级。

2. 生产要素质量的变化对产业结构升级的影响

生产要素质量的变化会使生产要素的相对边际生产率发生变化，并对生产要素产生替代效应和集聚效应。生产要素的质量越高，其边际生产效率就越高，增加单位生产要素所带来的收益就越高。这样一来，在生产中人们就会以生产效率高的生产要素替代生产效率低的生产要素，以此增加收益。而这种生产要素之间的替代必然会带动产业结构发生变化，具体表现为：低生产效率的产业部门（如劳动密集型产业等）不断被高生产效率的产业部门（如资本密集型产业、技术密集型产业等）所替代。此外，密集使用高质量生产要素的产业部门的生产效率越高，其收益也就越高，各种资源就会因高收益的吸引而流向生产效率高的产业部门，从而导致其规模不断扩大，其在国民经济中的比例不断提高，产业结构得以优化升级。

（二）人力资本投资通过技术进步促进产业结构升级

技术是人类为了满足自身的需求和愿望，遵循自然规律，在长期生产和生活实践中积累起来的关于知识、经验、技能和生产手段的总和。

而人力资本是通过各种类型的人力资本投资而形成的蕴含于人体的知识和技能的总和。由此可见，技术最重要的组成部分就是蕴含于人体的人力资本。由于人力资本具有主观能动性，可以决定物质资本的配置和使用效率，可以推断出人力资本投资与积累是技术进步的先决条件。为了便于读者理解，下面首先简要介绍人力资本对技术进步的作用，然后引出受人力资本影响的技术进步对产业结构升级的影响。

1. 人力资本对技术进步的作用

技术进步的过程是从技术创新开始的，具体包括技术的创新、传播、应用三个阶段，下面简要论述人力资本在技术进步三个阶段中的决定性作用。

（1）人力资本是技术创新的主体

①人力资本是技术创新的主体

从技术创新的含义来看，人力资本是技术创新过程的主要操控者和实施者。技术创新是生产过程中创造出新产品和新技术，是多方面共同努力的结果，是充足的物质资本通过人力资本能动作用的一种能量转化的成果。也就是说，人力资本是技术创新的主体，任何物质因素都要与人这一因素相结合才能完成创新能量转换，从而产生技术创新。

②人力资本存量水平越高，技术创新数量就越多

如果个体的人力资本水平不同，即个体所掌握的知识技能不同，那么以知识技能为基础所形成的创新能力自然不同，不同水平的人力资本与物质资本相结合而产生的创新能量转换效率也就不同。由此可见，人力资本存量水平越高，其技术创新能力就越强，也就越容易进行技术创新。

（2）人力资本是技术传播的必要条件

技术的传播离不开人力资本。技术传播需要两类人力资本，即传播技术的人力资本及接受和学习技术的人力资本。出现技术创新以后，新技术推广人员的数量越多、水平越高，即传播新技术的人力资本存量越充足，推广人员越能够以容易被人们理解的方式完整准确地将新技术

传播出去，从而使得新技术的传播范围就越广，传播效果也就越好。对于接受和学习新技术的人来说，接受者的受教育水平越高、知识积淀越多，其学习和消化知识的能力就越强，即接受和学习新技术的人力资本存量越充足，就越容易接受和学习新技术。综上所述，一定的技术推广与技术接受的人力资本存量是技术传播的必要条件。

（3）人力资本是技术应用的基础

技术创新只有实际应用到生产领域才能转化为现实生产力，而这一转化过程需要有相应的人力资本条件才能完成。如果没有人力资本条件，任何技术都不能被有效地应用。由此可见，只有具有一定知识水平和能力的人才可以理解和吸收新技术，并能根据所掌握的知识将新技术应用到现实生产中，甚至改进新技术，进行创造性的应用。也就是说，人力资本存量水平的高低决定了技术能否顺利转化为现实生产力。例如，发达国家的先进技术传播到发展中国家时，由于发达国家和发展中国家的人力资本水平不同，导致这两类国家对技术应用的能力不同，从而导致发达国家和发展中国家技术应用的效果不同。可以简单地理解为：发展中国家因人力资本水平无法与先进技术相匹配，不能更好地将先进技术应用于生产实践中，所以即使其引进了先进技术也不能达到发达国家的水平。

综上所述，人力资本是技术进步的核心内容，人力资本存量水平的高低决定了技术创新的数量、技术传播的速度、技术有效利用的程度。因此，进行人力资本投资可以增加人力资本存量，推动技术进步，促进产业结构升级。

2. 人力资本通过技术进步促进产业结构升级的表现

（1）技术进步影响产业相对成本变化

相对成本是指各种生产要素组合的综合比较利益指标。影响相对成本变化的决定因素有很多，如技术、规模经济、自然资源禀赋及劳动力价格等。研究表明，技术进步提供的新的生产技术、生产方法可以显著提高生产效率，即以相同的投入量得到更大的产出量，或者以更少的投入量达到原有产量水平。这意味着在既定产量上，投入量减少，生产成本自然降低。由此可见，由于各产业的技术水平不同，技术进步的速度也不同，各产业生产效率的提高速度也不同，产业间的相对成本就会出现变动，从而导致产业的扩张或萎缩。具体而言，这种变化有以下两种表现。

第一，如果技术进步发生在产品价格对生产成本的反应及产品需求对价格的反应都十分敏感的产业中，那么技术进步带来的产量提高和生产成本降低就会使产品价格降低，产品需求大幅上升。这样一来，相对成本较低的产业的利润就会高于其他产业，而高利润会吸引其他产业的资源都流向该产业，从而使得该产业的生产规模得以扩大，其在国民经济中所占的比例也会提高。

第二，如果技术进步发生在产品价格对成本的反应及产品需求对价格的反应都不敏感的产业中，那么生产成本的降低和产量的提高就会使产品价格降低，但产品需求的变动幅度却不大。这样一来，该产业的收入不仅没有增加反而开始下降，利润也会低于其他产业，从而使得该产业的资源流向其他产业，其在国民经济中所占的比例也会下降。

通常情况下，维持基本生存需要的产品对价格的反应不太敏感，而满足人们更高层次需求的产品对价格的反应较为敏感。也就是说，技术进步使生产满足人们基本生存需要的产品的产业萎缩，其资源会流向其他产业，其在国民经济中所占的比例下降，如农业、纺织服装业等劳动密集型产业；技术进步又使生产满足人们更高层次需求的产品的产业规模不断扩大，会吸引更多资源流向该产业，从而提升该产业在国民经济中所占的比例，如先进设备制造业、现代服务业等资本密集型产业、技术密集型产业。由此可见，技术进步导致的产业间相对成本的变动，引发了生产要素在产业间的流动，造成了不同产业规模的扩大或萎缩，使不同产业在国民经济中所占的比例不断变化，从而使得产业结构随着这种变化得到有序发展。

（2）技术进步形成新产业，带来新需求

技术进步可以促进新技术、新产品、新工艺和新材料的产生，从而创造出新的生产活动领域，形成新的生产部门。例如，电力技术的发明与应用，形成了电机电气产业、电子通信产业等；微电子技术、有机合成技术、原子能技术等促进了电子计算机、新材料合成、原子能等新兴产业部门的发展。由此可见，正是因为新兴产业的出现改变了原有产业在国民经济中的比例关系，才使得产业结构发生了改变。

此外，技术进步带来的新产品、新技术会刺激人们产生新的需求，从而改变需求结构，促进产业结构升级。而各种消费品的推陈出新也会刺激人们新的消费需求。例如，微电子技术的应用产生了电子类产品，引发了人们对计算机等电子类产品的巨大需求，电子计算机产业的兴起正是受人们对微电子技术的需求所推动的；通信技术及互联网技术的发展拓宽了信息传播渠道，丰富了人类的生活内容，刺激了人们对信息服务的需求，从而促进了信息产业的发展；环保和生态类技术的出现使人们对节能类产品及绿色健康食品的需求不断增加，促进了生态产业及绿色有机食品产业蓬勃发展。由此可见，这些新的需求使消费需求结构发生了深刻变化，也促进了新兴产业的发展，从而推动了产业结构的升级。

（3）技术进步推动主导产业更迭

从本质上来说，产业结构升级不仅表现为一些产业在国民经济中比例的上升或下降，更重要的是技术的集约化，即以先进技术为核心的主导产业在国民经济中比重的提高。

根据主导产业理论分析，按照各产业对国民经济增长的贡献率，可以将其分为主导增长部门、辅助增长部门和派生增长部门。其中，主导增长部门是贡献最大也是最重要的部门，与其他产业部门相比，其具有以下三点固有特性：一是主导增长部门引入了技术创新，以技术进步为核心，获得了与技术创新相关联的新的生产函数；二是主导增长部门的增长率超过了国民经济总增长率；三是主导增长部门的经济效果不仅对本产业部门有影响，而且对其他产业部门及整个国民经济有着深远广泛的影响。只有当这三个特点有机地融合在同一个产业时，该产业才能被称为“主导产业”。换言之，从主导产业的识别角度来看，一个产业只有以技术进步为核心，并引入与新技术相关联的新的生产函数时，才能成为主导产业。

主导产业的更迭是有序的，其更迭会遵循自身内在的经济技术逻辑。其内在的逻辑性是：某一产业能快速有效地吸收新技术，并通过产业间技术关联将新技术扩散至其他产业，完成其带动经济发展的使命；之后，这一产业的产业规模开始萎缩，产业份额下降；某个技术累积到一定程度的产业因满足主导产业形成条件而成为新的领军者再次出现，这时就发生了主导产业的更迭。可以说，没有技术进步就没有主导产业的更迭，没有技术进步，主导产业的更迭只是低水平的循环。

综上所述，技术是否进步可以使产业规模扩大或萎缩，在这一过程中，吸收和利用技术最快、最有效的部门会显现出主导产业的特性。而技术进步又使产业间的关联度变得更高，在技术进步的作用下，具有主导产业固有特性的产业能够更为精准地表现出其特质，可以在旧的主导产业发生衰退时及时补位。由此可见，技术进步的加速可以加快主导产业更迭速度，即加快产业结构升级速度。

（4）技术进步促进产业分化与融合

技术创新群的极化规律告诉我们：技术创新中各种创新的出现不是独立和均匀分布的，而是呈现出一种集群状态。这是因为一项技术创新在产生并传播使用后会在原有的主技术枝干上长出许多辅技术分枝，这些辅技术分枝经过成长、壮大后，会与主技术枝干集中在时间轴上的某一段时期形成一个技术创新群。由于辅技术是主技术的细化分工，在此基础上原有的产业也会随之分化成若干个独立的新的产业。例如，以集成电路为核心、在半导体器件基础上建立的微电子技术经过发展已分化为具有半导体芯片技术、电子元件制造技术、集成电路设计技术等分枝的综合性技术体系，与之对应的光纤、卫星、移动、GPS卫星定位等通信产业已经独立出来，成为具有较大规模和时代影响力的重要产业。

此外，技术进步在带来产业分化的同时，也带来了产业融合。随着人类社会文明程度越来越高，技术进步的速度也逐步加快，因而出现了交叉技术，即多学科的边缘技术。这种技术的渗透力强，在不同的产业、不同的领域都有着广泛的应用，如电子影像技术可以广泛地应用于医疗、影视、交通、教育等产业。而且，多学科边缘技术的出现使得产业间的技术经济联系更为紧密，产业间的关联度更高，产业间的关系也变得更错综复杂，甚至出现了一些归属界限模糊的产业，如一些信息产业、生态环保产业。由此可见，新技术的出现、使用及发展使产业间的分化更细致，使得产业间的融合度更高。

第二节　产业结构升级过程中我国人力资本投资的局限性

一、我国人力资本投资总量不足

我国人力资本投资的绝对量并不少，但就其相对量而言，人力资本投资水平较低。

（一）就教育投资来说

2019年4月，教育部发布的《2018年全国教育经费统计快报》中显示：2018年全国教育经费总投入为46 135亿元，比2017年增长了8.39%。其中，国家财政性教育经费为36 990亿元，比2017年增长了8.13%。而我国教育经费在各教育类型中的分配情况为：①全国学前教育经费总投入为3 672亿元，比2017年增长12.79%；②全国义务教育经费总投入为20 858亿元，比2017年增长7.73%；③全国高中阶段教育经费总投入为7 184亿元，比2017年增长8.23%，其中中等职业教育经费总投入为2 463亿元，比2017年增长6.17%；④全国高等教育经费总投入为12 013亿元，比2017年增长8.15%，其中普通高职高专教育经费总投入为2 150亿元，比2017年增长6.16%；⑤全国其他教育经费总投入为2 408亿元，比2017年增长9.45%。为了便于读者理解，本书将2018年各教育类型的经费投入情况整理成表格，具体内容如表3-1所示。

表3-1 2018年各教育类型的经费投入情况

教育类型	学前教育	义务教育	高中阶段教育	高等教育	其他教育
投入（亿元）	3 672	20 858	7 184	12 013	2 408
增幅（%）	12.79	7.73	8.23	8.15	9.45
占比（%）	7.96	45.21	15.57	26.04	5.22

值得我们思考的是，随着教育经费投入的提高，对于幼儿园、小学生、中学生和大学生来说，是否真正"享受"到教育经费的提升。这一点我们可以从2018年各级教育的生均经费支出情况（如表3-2所示）中看出。

表3-2 2018年各级教育的生均经费支出情况

教育类型	幼儿园	普通小学	普通初中	普通高中	中等职业学校	普通高等学校
生均支出（元）	10 648	12 733	18 481	20 441	19 742	36 294
增幅（%）	8.93	4.56	5.32	10.04	7.45	8.42

由表3-2可知，2018年全国幼儿园、普通小学、普通初中、普通高中、中等职业学校、普通高等学校生均教育经费总支出情况为：全国幼儿园为10 648元，比2017年增长8.93%；全国普通小学为12 733元，比2017年增长4.56%；全国普通初中为18 481元，比2017年增长5.32%；全国普通高中为20 441元，比2017年增长10.04%；全国中等职业学校为19 742元，比2017年增长7.45%；全国普通高等学校为36 294元，比2017年增长8.42%。

生均教育经费，是指在一定地区范围内，按照当地的经济发展水平和教育发展实际，由政府制定的财政年度预算的依据。这是当地财政部门按照当地计划内在读学生数额，向相关教育部门拨款的依据。例如，国务院和地方各级人民政府将义务教育经费纳入财政预算，按照教职工编制标准、工资标准和学校建设标准、学生人均公用经费标准等，及时足额拨付义务教育经费，以确保学校的正常运转、校舍安全以及教职工工资按照规定发放。

虽然我国在教育方面的投资在逐年增加，但是与发达国家相比仍存在较大差距。此外，根据中国人力资本与劳动经济研究中心发布的《中国人力资本报告2018》中的数据显示，虽然我国人力资本投资使得人力资本存量上升趋势明显，但是我国人均人力资本存量相对较低，与人力资本强国相比还有很大差距。

（二）就科研投资来说

作为衡量一个国家综合国力的重要因素，科技研发越来越受到人们的重视，而科研实力，在很大程度上取决于研发经费的投入力度。

2019年8月30日，国家统计局、科学技术部和财政部联合发布了《2018年全国科技经费投入统计公报》，并通过数据对我国科研投入的现状进行了全景式的介绍。数据显示：我国2018年全社会研究与试验发展经费（R&D）投入总量以19 677.9亿元位列世界第二，较2017年增长11.8%；我国2018年R&D经费投入强度达到2.19%，比2017年的2.15%提高了0.04个百分点；R&D总量与美国的差距正逐年缩小。

目前，我国的R&D经费投入强度已达到中等发达国家水平。因获取世界各国最新的R&D经费投入占总投入的比例数据有难度，综合考虑后，本书选取了这一指标2015年的数据进行对比。2015年世界各国R&D经费投入与总投入的比例如表3-3所示。

表3-3 2015年世界各国R&D经费投入占总投入的比例

国家	占比（%）	国家	占比（%）
以色列	4.3	美国	2.7
韩国	4.2	比利时	2.5
瑞典	3.3	法国	2.2
日本	3.1	中国	2.11
德国	2.9	冰岛	2.10
丹麦	2.9	挪威	2.0
芬兰	2.7	荷兰	2.0

因获取数据有难度，在对比不同国家的基础研究经费占比时，本书以美国、俄罗斯和中国为例，选取这三个国家2006—2015年的数据进行研究。2006—2015年美国、俄罗斯和中国基础研究经费投入占总投入比例如表3-4所示。

表3-4 2006—2015年基础研究经费投入占总投入比例

国家	年份	占比（%）	国家	年份	占比（%）	国家	年份	占比（%）
美国	2006	17.9	俄罗斯	2006	15.4	中国	2006	4.2
	2007	17.9		2007	18.0		2007	4.7
	2008	17.7		2008	18.8		2008	4.6
	2009	18.2		2009	18.2		2009	4.7
	2010	18.4		2010	19.6		2010	4.8
	2011	17.4		2011	18.8		2011	4.7
	2012	17.2		2012	16.5		2012	4.7
	2013	17.6		2013	16.4		2013	5.1
	2014	17.5		2014	16.4		2014	5.2
	2015	17.2		2015	15.5		2015	5.5

由表3-4可知，我国基础研究经费投入占总投入比例与发达国家（15%～20%）相比还有较大差距。由此可见，进一步调整经费结构是未来我国R&D经费改革的大势所趋。

此外，目前，我国的研发投入强度与创新型国家还有一定差距。2018年我国R&D经费投入强度仅有2.19%，而创新型国家通常在2.5%以上。由此可见，与发达国家相比，我国研发整体水平仍然存在大而不强、多而不优的情况。对此，未来几年，我国应进一步引导全社会加大对研发的投入力度，尤其是前瞻性和应用性基础研究领域；进一步优化我国的研发资源配置，并以企业为主体、以市场为导向，推动产学研深度融合；进一步发挥政府对研发的管理优势，加强国家创新体系建设，深化科技体制改革。

二、我国人力资本投资结构不合理

人力资本投资结构可以分为教育投资、卫生健康投资、在职培训投资、科研投资和迁移投资。如果人力资本投资结构不合理，原因大多是其内部结构出现了问题。

我国人力资本投资结构表现为，在整个人力资本投资中，教育投资的占比接近50%，其次是卫生健康投资，占比最少的是在职培训投资。这种人力资本投资结构使得我国人力资本积累主要依靠教育投资和卫生健康投资，其中，教育投资是人力资本投资中最重要的投资类型，而其他人力资本投资积累很少。但是，目前我国人力资本投资结构存在一些问题，直接影响了我国的人力资本积累，具体表现在以下几方面。

（一）教育投资结构不合理

教育投资结构包括教育投资的层次结构（高、中、初等教育或普通教育、职业教育）、专业结构等。从教育投资的层次结构来看，结合表3-1中的数据可知，2018年我国高等教育经费占教育经费总投入的比例为26%，而义务教育及高中阶段教育的经费占教育经费总投入的比例分别为45.21%和15.57%。从教育投资的专业结构来看，结合表3-2中的数据可知，中等职业学校与普通高等学校2018年生均教育经费分别为19 742元、36 294元。

以上数据表明，我国教育投资结构呈现出“谷仓型”的特征。从表面上看，这一特征与我国目前经济发展阶段需要大量中级人才的要求较为吻合，但是进一步分析就会发现这样其实无法满足我国对中级人才的需求。此外，我国大部分教育投资偏向于普通教育投资，忽视了职业教育投资。虽然我国有90%以上的学生选择接受普通中等教育，但是这些学生中约半数以上的人无法进入普通高等教育阶段。也就是说，由于教育投资结构的不均衡，我国有大量劳动者在接受普通中等教育后就走向社会，这使得这些劳动者只拥有普通教育教授的基础知识，而无法掌握专业的职业技能。同时，高等教育中理工类学生的占比在40%以上。也就是说，高等教育投资倾向于理工专业，而经济、管理、教育等专业投资较少。总的来看，教育投资结构中最突出的问题就是普通教育投资与职业教育投资不均衡。

（二）科研投资结构不合理

研究表明，我国科研投资在人力资本投资中的占比较小，其内部结构也存在问题。这一问题主要表现在两个方面：一是基础研究经费投入比例低下；二是高校研发费用占比偏低。下面就这两个问题展开讨论。

无论是新知识还是新发明都是以基础研究为前提和基础的，一个国家的科技发展水平及其国际竞争能力都源于基础研究这一坚实的基础。可以说，基础研究决定了一个国家的自主创新能力。从经济合作与发展组织（Organization for Economic Co-operation and Development，简称OECD）成员国的数据来看，大部分国家的基础研究经费在总体科研经费中的占比在10%以上，甚至有很多国家处于15%～20%之间。而2018年我国基础研究经费占总体科研经费的比重约为5.5%，与发达国家相比仍有差距，与中等收入国家相比也较低。正是因为我国对基础研究的投资不足，使我国基础研究在研发活动中的地位和比重都无法提高，这不仅阻碍了科研活动的开展，而且阻碍了我国技术创新能力的提高。

高校是创新的源头，但我国高校没有完全发挥出其应有的作用。对此，高校应该将科研经费主要用于基础研究，但实际上我国很多高校更注重自身的收益，因此将大部分科研经费都用到了收益较快的应用研究和试验发展上。由于我国高校研发费用占比偏低，导致我国基础研究经费占比也偏低。这在很大程度上制约了我国科研活动的持续发展，进而导致技术创新后劲不足，最终拖慢了我国建设创新型国家的步伐，不利于我国自主创新体系的形成。

三、我国人力资本投资效率不高

我国人力资本投资不仅总量偏低，投资结构不合理，而且效率也不高。一方面，我国人力资本投资的投入/产出效率较低。有关研究表明，从1999—2018年，我国人力资本投资效率的数据包络分析（Data

Envelopment Analysis，简称DEA）得分普遍不高。另一方面，我国劳动力生产效率较低。导致我国劳动力生产效率低下的原因有二：一是我国各产业的机械化水平较低；二是我国人力资本投资的效率较低。

（一）人力资本投资的投入/产出效率较低

从教育投资的效率来看，我国人力资本投资的投入/产出效率存在两方面问题。一方面，虽然我国教育投资效率地域性差别较大，但整体情况较好，主要在于高等教育投资效率水平较低。有关资料显示，全国34个省、自治区、直辖市中，只有12个省、自治区、直辖市的高等教育投资效率较高，约65%的省、自治区、直辖市的高等教育投资效率低。由此可见，目前我国高等教育投入产出效率普遍偏低，投入相对其产出过剩，即产出不足。另一方面，我国正规教育多以应试教育为主，忽视了技能教育及实践，从而导致通过正规教育培养出的人才多为学历型人才而非创新型人才。有关资料表明，我国工程和金融专业的毕业生只有10%左右具备全球化企业所要求的能力，我国工商管理硕士（Master of Business Administration，简称MBA）毕业生能够胜任管理工作的不到20%。截至2019年，我国只有一人获得过自然科学领域的诺贝尔奖；在158个国际一级学科组织及1 566个主要国际二级学科组织中，我国进入领导层的人数只占总数的2.3%，其中在一级学科组织中任主席的仅一人，在二级学科组织中只有1%的主席由我国科学家担任。以上数据中的比例相对于我国庞大的人口基数来说，显得格外可怜。由此可见，我国人力资本投资效率的低下导致创新型人才及高层次科技人才的不足。

从科研投资的效率来看，近十年，在国家科技奖励三大奖项中，高校获奖率最高，达到了同期全部授奖总数的64.8%。由此可见，从整体的科研投资的投入/产出效率来看，高校科研投资的投入/产出效率最高，但也突显出其他领域科研投资的投入/产出效率不高的问题。

（二）劳动力生产效率较低

2019年3月29日，中国人民大学国家发展与战略研究院发布了一份报告——《中国劳动力市场指数编制》。该报告中指出，自改革开放以来，中国劳动力资源为中国的经济增长做出了巨大贡献：中国劳动力数量配置指标从2010年的0.488 4增长到了2016年的0.788 2，增长幅度很大；而劳动力价格指标却从2010年的0.555 8下降到了2016年的0.523 4。这表明2010—2016年间中国劳动力市场化指数的增长主要归功于劳动力数量配置效率的提高。该报告提出，劳动力价格指标的下降主要是因为国有企业职工工资指标的下降；劳动力配置效率的提高是推动劳动力市场化指数增长的重要手段。同时，该报告建议，为深化劳动力市场化改革，提高劳动力市场化程度，一方面政府应继续深化户籍制度改革，削弱户籍歧视和对劳动力流动的阻碍；另一方面政府应继续深化国企改革，消除国有企业的垄断力量，减少价格溢价。

第三节　产业结构升级过程中我国人力资本投资局限性造成的影响

我国人力资本投资问题所导致的劳动力整体素质较低、技能型人才及创新型人才短缺、劳动力技术水平不高等问题，对产业结构升级的影响很大。其中，人力资本投资力度不足导致劳动力整体素质不高，使得我国产业结构升级的速度变缓慢；投资结构不合理致使技能型人才供给不足，导致我国目前产业结构升级的基础不牢固；投资效率低下导致技术水平不高、创新型人才短缺，使我国产业结构升级动力不足。

一、人力资本投资力度不足影响产业结构升级速度

人力资本投资力度不足使得我国劳动力整体素质普遍不高，具体表现在以下三个方面：一是农村劳动力素质较低，使得我国产业结构升级的速度十分缓慢；二是农村劳动力减少减缓了产业结构升级速度；农村劳动力的非永久性乡城迁移投资方式也阻碍了产业结构升级进程。

（一）劳动力素质较低使产业结构升级速度缓慢

产业结构升级对高素质劳动力的需求较大，如果劳动力整体素质较低，则不符合产业结构升级的要求。

劳动力素质集中反映了一个国家人力资本的状况，是影响一个国家产业结构升级的一个重要因素。如果一个国家人口众多，但劳动力素质低下，则该国必然具有廉价劳动力的比较优势，其国内产业必然大多集中于劳动密集型产业，处于产业低附加值化、低技术化、低集约化和低加工度化的状态；第三产业尤其是高科技含量的产业及教育、培训产业在该国的发展会受到较大的限制，其产业结构也必然处于一个较低的水平。反之，如果一个国家的劳动力素质较高，则该国的劳动力可以较自由地在不同行业进行转移，会有较多的人力资源从传统的农业及第二产业中转移到第三产业；同时，由于劳动力成本比较高，该国会集中发展资金技术知识密集型产业，促进该国产业结构升级。

目前，我国产业结构升级正处于从以资本密集型产业为主转变为以技术密集型产业为主的关键阶段，而技术密集型产业主导地位的确立需要大量技能型和创新型的高素质劳动力来支撑。但我国的现状是劳动力素质普遍低下。一方面，劳动力的技术创新能力不足，使得我国技术密集型产业的技术水平低下，对国外技术的依赖性较强；另一方面，在引进国外技术后，低素质劳动力没有能力将所引进的技术有效地应用和转化到实际生产中，更谈不上进行改进和创新。以上因素的存在导致我国技术密集型产业尤其是一些高新技术产业，目前还处于世界产业价值链的低端。

进入人口流动性减弱的时代，劳动力大多从事的是高技术零部件的组装工作，如果缺乏核心技术支撑，就很难在市场中立足。这也是导致我国高新技术产业的产业平均利润率不高，且近年来还呈持续走低态势的主要原因。具体数据表现为：2015—2018年我国高新技术产业平均利润率分别为8.45%、7.98%、7.91%、7.58%，下降趋势明显，并且其利润率也低于资本密集型产业的平均利润率；而2015—2018年我国资本密集型产业的平均利润率分别为9.30%、9.44%、8.19%、7.74%。

在我国电子信息产业中，外国企业的资本出资额占总出资额的30%左右，但其所获利润却占总利润的70%左右，更有甚者其利润占比高达92%。目前，我国高新技术产业的利润率低下，无法有效吸引资源及生产要素向其流动，因此技术密集型产业发展速度过缓，其在国民经济中的占比难以提升，产业结构由以资本密集型为主向以技术密集型为主的升级趋势不明显，升级速度缓慢。

此外，农村迁移劳动力素质低下使劳动力资源多在劳动密集型产业内部循环。受自身素质的限制，农民进城务工的择业范围极其有限，呈现出技术含量低的体力型择业特征。

（二）农村劳动力减少减缓产业结构升级速度

2019年4月29日，国家统计局发布的《2018年农民工监测调查报告》中显示，2018年农民工总量为28 836万人，仅比2017年增加184万人，增长了0.6%；在外出农民工中，进城农民工有13 506万人，比2017年减少了204万人，下降了1.5%。由此可见，我国农村劳动力有所减少。

实际上，2015年之前，官方的农民工监测调查报告并不公布农民工进城数量的增减，到2016年才首次公布，进城数量比2015年减少了157万人，2017年比2016年增加了125万人，2018年比2017年又减少了204万人。笔者猜想，农民工进城数量的增减或许与外需有关。2016年外需不足，导致出口增速回落；2017年欧美经济复苏，带动了我国出口增速的提升，加上发达经济体的经济增速下降，使得外需再度走弱。

由于公布的数据太少，无法做相关性分析，这里笔者仅提出自己的猜测，即从大趋势看，农村劳动力的减少是必然的，原因包括以下三个方面。

第一，农业可转移人口数量的递减是人口规律，从2012年起，我国劳动年龄人口总量就开始下降，这导致农村劳动力数量的减少。

第二，随着农村劳动力年龄的增长，越来越多的农村劳动力不再选择外出就业。据统计，截至2018年50岁以上农村劳动力所占比例为22.4%，比2017年增加了1.1%，且这一数据近五年来呈逐年提高的趋势。

一般而言，外出的农村劳动力比留在本地的农村劳动力要年轻，外出的农村劳动力平均年龄为35.2岁，留在本地的农村劳动力平均年龄则接近45岁。由此可见，年龄也是影响农村劳动力减少的一大因素。

第三，中国经济正在转型，就业人口从第二产业流向第三产业，从低端转向高端。在这一过程中，年纪大且缺乏技术专长的农村劳动力的就业难度增加，迫使他们不得不离开东部制造业相对发达的地区。

既然2018年农村劳动力数量减少了200多万，一般来说城镇常住人口增加缺少了主力，为何城镇化率还提高了1.06%，城镇人口比2017年增加了1 790万呢？根据国家统计局提供的数据，并进行简单计算后不难发现，这主要是因为户籍城镇化：2018年加入城镇户籍的人口增加了1 605万，除去自然增长人口，至少也有超过1 200万农村人口实现了农转非。也就是说，当前城镇化率的提升，大部分都是靠行政区划的重新设定和户籍政策的放宽来实现的。

根据《2018年农民工监测调查报告》可知，从输入地看，2018年在东部地区就业的农村劳动力比2017年减少了185万人，下降了1.2%。其中，2018年在京津冀地区就业的农村劳动力比2017年减少了27万人，下降了1.2%；2018年在长三角地区就业的农村劳动力比2017年增加了65万人，增长了1.2%；2018年在珠三角地区就业的农村劳动力比2017年减少了186万人，下降了3.9%。正是出于人口净流出的压力，目前越来越多的城市采取了“抢人政策”。据不完全统计，包括天津市、南京市、成都市、西安市、珠海市等20多个城市都制定了“抢人政策”。然而，如果一个城市的产业发展较快，能够带来相应的就业机会，那么就会大大增加其对人才的吸引力。例如，深圳市、广州市同样面临农村劳动力大幅流出的压力，由于其经济增长转型较为顺利，增长动能足够，也就能够吸引更多中高端人才源源不断地流入。从总体来看，长江经济带及长江以南地区的大部分城市经济增速要快于长江以北地区，且前者的区域人口流入与区域经济增速呈现出高度相关性。

过去，我国人口流向总体是从西向东，主要流向长三角和珠三角地区，被称为“孔雀东南飞”。如今，农村劳动力的增量部分主要流向中部和西部地区。据统计，截至2018年，东部地区的农村劳动力数量减少了185万人，东北地区农村劳动力数量减少了9万，而中西部地区农村劳动力数量则增加了378万，呈现出“孔雀西南飞”的特征。

此外，随着人口老龄化进程的加快，农村劳动力的平均年龄也在逐步增大，2015年农村劳动力的平均年龄为38.6岁，2018年农村劳动力的平均年龄为40.2岁。正是因为人口老龄化，加上适宜年龄的农村劳动人口数量的减少，外出农村劳动力的增量也将不断下降。据统计，2018年到省外就业的农村劳动力为7 594万人，比2017年减少了81万人。由此可见，农村劳动力的减少降低了产业结构升级的速度。

总的来说，通过前文叙述可知，虽然近年来农村劳动力逐年减少，但是各地政府积极出台了相关的政策来吸引人才。因为人口流入量和适龄劳动人口数量与经济增速呈正相关，经济发展速度与产业结构升级速度呈正相关，所以农村劳动力减少会减缓产业结构升级速度。

（三）非永久性乡城迁移阻碍产业结构升级进程

我国农村劳动力迁移的特征是非永久性乡城迁移，即农村劳动力进城后并不定居，而是如候鸟般在城乡间迁徙，这样十分不利于城镇化的集聚。据调查，2018年我国常住人口城镇化率为59.58%，户籍人口城镇化率为43.37%。二者相差约16%。这代表村口16%的农村人口虽然进了城，但由于诸多方面缺乏有效的保障，其不能与有户籍的城市居民享受同等待遇，再加上收入较低、工作不稳定等因素的影响，导致此类人群无法举家迁移并最终定居下来。因此，按实际情况来看，我国城镇化率依然不高，城镇化的人口集聚程度也不高。这样一来，导致我国与城镇化发展相关的基础设施建设等资本密集型产业发展不足，进而使得生产性服务业、公共服务业等技术密集型产业的发展也相对滞后。

综上所述，受迁移方式的影响，导致我国城镇化率不高，阻碍了我国资本密集型产业的发展。虽然近年来我国资本密集型产业的比重超过了劳动密集型产业的比重，但资本密集型产业的比重依然不高。受资本密集型产业的影响，以资本密集型产业为依托的生产性服务业及一些公共服务业的发展速度减缓，进而导致我国技术密集型产业的比重更低，由此阻碍了我国产业结构升级进程。

二、人力资本投资结构不合理导致产业结构升级基础不牢

按照产业结构升级的规律，产业结构从以劳动密集型产业为主向以资本密集型产业为主升级的条件是劳动密集型产业的充分发展。同理，产业结构在向以技术密集型产业为主升级的条件也是资本密集型产业的充分发展。如果资本密集型产业发展得不够充分，没有足够的资本积累，那么产业结构将无法进一步升级。然而，当前我国人力资本投资结构存在的问题使得技能型人才短缺，严重阻碍了我国资本密集型产业的发展。目前，我国各大城市对技能型人才的求人倍率①一直很高。据统计，技能型人才从2000年以来一直处于供不应求的状态，技能劳动者的求人倍率一直在1.5∶1以上，高级技工的求人倍率甚至达到2∶1以上。与此同时，技工紧缺的现象逐步从东部沿海扩散至中西部地区，从季节性演变为经常性。

当前，我国资本密集型产业的工人数量为5 000万～7 000万人，高级技工率为5%左右。与欧美发达国家高级技工占资本密集型制造业就业人口总数的40%相比，我国资本密集型产业高级技工大约有35%的缺口。研究表明，我国的产业工人有望达到1亿人，按照这一比例推算，我国资本密集型产业的充分发展会使我国高级技术工人的缺口扩大到3 000万～5 000万。也就是说，按照我国资本密集型产业的发展要求至少要额外培养出3 000万～5 000万的高级技术工人。但是，在高等教育改革后，高校大规模扩招，高中教育持续普及，民众对职业教育的需求再次减少，导致我国短期内根本无法培养出这么多的高级技术工人以满足资本密集型产业发展的要求，进而阻碍了我国资本密集型产业的发展速度。

综上所述，产业结构升级需要以强大的资本密集型产业作为基础，而我国人力资本投资结构不合理导致产业结构升级的基础不牢固。

---

① 求人倍率是指劳动力市场在一个统计周期内有效需求人数与有效求职人数之比。

三、投资效率低下导致产业结构升级动力不足

产业结构升级的主要动力是技术进步，而技术创新是技术进步的源头，因此现代经济增长与产业结构升级都需要依赖创新驱动。然而，由于我国人力资本投资效率低下，导致我国劳动力自主创新能力较差、技术水平不高，创新型人才供给不足，阻碍了我国技术密集型产业及现代服务业的发展，导致其在国民经济中的比重较低，尤其是技术密集型产业近年来在国民经济中的比重有所下降，不能有效地促进产业结构升级。下面将对这两种情况分别展开论述。

（一）自主创新能力不强、技术水平不高不能有效驱动产业结构升级

发展中国家要想提高自身的自主创新能力，就要经历一个从技术引进到自主发展的过程。在此过程中，发展中国家对引进技术的吸收能力越强，就越有可能在借鉴吸收的基础上实现自主创新。对于我国而言，受科技人力资本投资水平不高、科技人才队伍质量不高、缺乏创新型人才等因素的影响，导致我国引进、消化、吸收和学习的能力都不够强，外资溢出效应未能充分发挥，技术引进和自主开发的结合不够紧密，技术引进仍停留在原有水平，没能形成自主创新能力。

现阶段，我国先进制造技术的研究和应用水平较低，一部分工业行业的关键核心技术都掌握在国外厂商手中，过度依赖发达国家的关键技术，受制于人，使我国关键技术的自给率偏低。据调查，目前我国航空航天设备、工程机械、精密医疗器械等高技术含量产品，80%以上依靠进口；在重型装备制造业中，70%的数控机床、80%以上的集成电路芯片、100%的光纤等制造装备被国外产品占领；在制药工业企业中，90%以上的产品依靠仿制国外产品；在汽车产业中，我国需要从国外购买发动机等关键部件的核心技术和专利；在IT产业中，我国同样需要从国外购买芯片技术、操作系统等关键技术。

综上所述，由于在资本、技术密集型制造业产品中，中国制造的成分较大，中国创造的成分较小，造成了我国生产产品的产品附加值较

低，从而导致我国产品在全球产业价值链中处于较低位置。同时，技术引进成本又缩小了资本密集型产业、技术密集型产业的利润空间，导致制造业内部结构难以升级。由此可见，受我国自主创新能力不强、技术水平不高的影响，导致产业内部结构升级困难，阻碍了我国产业结构升级。

（二）创新型人才不足阻碍产业结构升级

现代服务业，尤其是生产性服务业是技术密集型产业的重要组成部分，拥有大量创新型人才及先进技术水平是生产性服务业提供高质量服务的基础。但是，由于我国教育投资效率较低，教育投资所形成的人力资本多为学历型人才，其创新能力不强，同时科研投资所形成的具有世界领先水平的技术较少，且科技成果转化率较低，导致我国创新人才与先进技术较少，进而造成了我国生产性服务业优质服务供给不足的问题。以上问题的存在会产生以下两方面的影响：一方面不利于技术密集型产业自身的发展，导致其在国民经济中的比重偏低；另一方面也不利于工业企业与信息技术的整合，阻碍工业企业向高端价值链的发展及工业企业现代化的实现，进而导致资本密集型产业发展速度过缓，这又反过来阻碍生产性服务业的发展，最终陷入恶性循环。

技术密集型产业会因缺失创新型人才而发展不足。而我国的生产性服务企业特别是信息咨询服务业、计算机应用服务业等技术密集型企业，正是因为缺少创新型人才，才导致我国生产性服务业的规模较小，发展水平较低。此外，由于生产性服务业既支撑着资本密集型产业的发展，又引领着技术密集型产业的发展。因此，如果生产性服务业的发展滞后，技术密集型产业的发展也会滞后，其在国民经济中的比重会偏低，不利于产业结构进一步升级。

我国大部分生产性服务企业的技术水平不高，其所提供的产品处于服务价值链的低端，还没有形成推动技术进步的良好运行机制。有关研究表明，我国生产性服务业技术进步率的年增长率约为0.7%，其水平还不足以支撑生产性服务业的发展。其中，信息服务业的情况较为严重。

从软件市场来看，我国软件市场规模占世界软件市场规模的1.27%，表明我国高端软件发展迟缓；从软件研发设计来看，2018年全球软件市场规模约为2.65万亿元，而我国软件市场规模为1 678.4亿元，仅占全球软件市场的6.3%，这与我国总产值水平极不相称；从科学软件方面看，计算机辅助科学软件对提高科研劳动生产率及科技创新非常重要，而我国软件业技术水平低下，导致我国信息服务业的技术水平不高，无法实现与资本密集型产业的有效整合。

综上所述，由于资本密集型产业的信息化、现代化难以实现，生产效率难以提高，不能促使资源要素流向本产业，使得资本密集型产业无法快速提高其在国民经济中的比重，阻碍了生产性服务业的发展，使技术密集型产业难以发展成为国民经济的支柱产业，从而使我国产业结构陷入低水平循环，难以进行升级。

第四节　产业结构升级过程中我国人力资本投资局限性的成因分析

一、我国人力资本投资不足的成因分析

（一）我国人力资本投资激励不足

人力资本投资主体是否进行投资取决于其投资收益是否大于投资成本。当人力资本投资收益大于投资成本时，就会对人力资本投资行为形成有效的激励。但由于有时我国人力资本投资主体进行人力资本投资行为的预期收益会小于投资成本，使得很难对人力资本投资行为形成有效的激励。下面主要从政府、企业和个人这三个股资主体的角度出发，讨论人力资本投资激励不足的问题。

1. 政府投资主体

从政府投资主体的角度来看，其不愿进行人力资本投资的主要原因在于，我国政府绩效考评指标体系设计得不合理。这主要表现在：各级政府大多注重经济总量指标，而忽视其他与经济发展质量、社会效益相关的指标。我国政府的政绩考核工作是通过上级政府对下级政府下达一些具体量化指标来实现的，其中最重要也是最为核心的指标就是国内生产总值（Gross Domestic Product，简称GDP）。从人力资本投资与物质资本投资的比较来看，人力资本投资具有投资收益期较长、收益中包含无法用货币来衡量的成分等特点。这不仅导致人力资本的投资收益及其对经济总量增长的贡献往往被低估，而且使得人们持有人力资本投资对国内生产总值增长的贡献要小于物质资本投资的贡献的观点。由此可见，在这种以GDP为核心指标的政绩考评指标体系的引导下，政府大多会注重物质资本投资，而忽视对人力资本的投入。

2. 企业投资主体

对于企业投资主体而言，企业进行人力资本投资的方式主要是在职培训投资。企业进行在职培训投资的目的是使员工更符合企业发展的要求，通过提高员工的技术水平来提高其边际生产力，进而刺激企业利润的增长。这就要求企业进行人力资本投资的成本要小于企业因员工技术水平提高而增加的利润，只有这样才能有效地激励企业进行人力资本投资。

然而，企业的人力资本投资收益往往因为以下两种现象的存在而不能完全实现。第一，员工在接受培训后离职，此时企业的人力资本投资收益几乎为零。根据人力资源服务商前程无忧之前发布的《2018离职与调薪调研报告》的数据显示，2018年我国员工的平均离职率为20.8%，制造业与传统服务业的员工离职率分别达到25.4%和28.3%，而消费品、高科技、金融等行业的员工离职率也较高。出现这种情况主要原因有二：一是我国企业内部劳动力市场的雇佣关系或就业制度安排存在问题；二是据调查，中国劳动者的书面合同签约率不足50%，我国员工与企业间的雇佣关系极不稳定，导致员工的离职率较高。以上原因的存在导致企业进行人力资本投资后，时常出现因员工离职而造成投资收益无法实现的情况，因此大部分企业不愿意进行人力资本投资。第二，员工在培训过程中出现隐蔽性的偷懒，不认真参与培训，员工本身的技术水平没有通过培训得到明显提高。员工本身的技能没有通过培训得到明显提高。由于员工技术水平没有提高，也就无法提高其边际生产力、增加企业的利润，企业自然无法取得人力资本投资的预期收益。这样一来，由于企业人力资本投资的收益受损，导致无法有效激励企业的人力资本投资行为。

3. 个人投资主体

个人投资主体的人力资本投资激励不足主要表现在以下两个方面。

（1）人力资本投资收益无法实现

个人进行人力资本投资的主要方式是教育投资，就我国现状而言，虽然很大一部分人群进行了教育投资尤其是高等教育投资，但毕业生的失业率仍居高不下。据中国家庭金融调查与研究中心发布的《中国城镇失业报告》数据显示，我国21～25岁的青年劳动者的失业率逐渐上升。其中，小学毕业的劳动者的失业率仅为4.2%；而大学毕业生的失业率则高达16.4%，远远超出平均水平。中国社会科学院发布的《社会蓝皮书：2018年中国社会形势分析与预测》也披露，在毕业两个月后，接受调查的应届毕业生失业率为19%。不少大学生毕业就失业，就业形势越来越令人担忧，特别是对于来自农村的毕业生而言，其面临的就业形势更为严峻。2018年3—10月，中国青少年研究中心在北京市、上海市、广东省、湖北省等10个地区对未就业大学毕业生进行了调查，调查显示，农村未就业的大学毕业生的比例是城市的4倍。综上所述，由于失业意味着教育投资的收益无法实现，导致个人对教育投资的积极性日趋减弱。

（2）人力资本投资成本不能完全得到补偿

虽然目前政府承担了大部分公办高校的办学经费，但学生仍需要支付学费等资金成本及因读大学无法出去工作而产生的机会成本。就可计量的资金成本来计算，公办高校在校学生每年的学费平均在4 000元左右，再加上住宿费及生活费，该大学生一年的平均花费至少在5 000元以上。如果是一些民办高校的学生，其学费支出则更多，仅学费一项就要达到10 000元左右。按普通大学本科四年来计算，公办高校学生学习四年的花费至少在20 000元以上，民办高校学生学习四年的花费至少在50 000元以上，这里还没有计算在校四年的机会成本。这些人力资本投资成本需要得到补偿才能促进个人对教育投资的积极性，即接受高等教育的学生毕业后的薪资水平应比没接受高等教育的学生的薪资水平高。但事实并非如此，据统计，部分本科毕业生的起薪不到3 500元，而外出农民工的平均工资已达4 000元。外出农民工一般不进行高等教育投资，但他们的工资却比本科毕业生的薪资水平高，所以许多家庭和个人，尤其是农村家庭就不再进行高等教育投资，而是选择外出打工。

科研人员同样是典型的人力资本投资大、人力资本存量高的群体，他们的薪资待遇也比较差。有关调查显示，大学教师的工资水平较低，即使在国家重点扶持的院校，教师的年薪也只有30 000～40 000元，教师就算申请到科研项目，多数经费也要用在购买设备等方面，可用于人员福利的部分很少。而在国外，教师的待遇非常高，如哈佛大学教授的年薪为24.58万美元（约为174.76万元人民币）。由此可见，我国个人主体是否进行人力资本投资，其收益差别并不大，人力资本投资的成本不能完全得到补偿。

综上所述，我国人力资本投资的个人投资主体其投资收益有时会无法实现或投资成本无法完全得到补偿，因此无法形成对个人投资主体的有效激励。

（二）我国人力资本投资的约束不足

激励与约束是相辅相成，缺一不可的。即使激励充分，也不可避免地会出现某些投资主体对人力资本投资不足的现象，因此需要约束其投资行为。只有把激励和约束有效地结合起来，才能调动投资主体进行人力资本投资的积极性。从相对意义上理解，我们可以将约束机制理解为负激励。对人力资本投资进行约束的主要方式就是法律约束。法律通过其威慑力和强制力来制约和规范自然人的行为，从而使人力资本投资主体与法律制定者的目标趋同。从我国的现实情况来看，我国人力资本投资的法律约束体制还需要进一步完善，主要包括以下两个方面的原因。

1. 对政府投资主体的法律约束不足

司法权是对行政权的有效制衡，而我国由于人力资本投资法律体制不够健全，并没有形成对政府投资主体的有效约束，具体表现在以下几方面。第一，我国对教育投资的立法比较滞后，没有针对教育投资的专门法律。虽然《中华人民共和国教育法》中规定了教育优先发展，《中共中央国务院关于深化教育体制改革全面推进素质教育的决定》中也规定了教育投资占GDP的份额，但我国目前教育投资的现状表明，这些法律大多流于形式，并没有形成强制力量来约束教育投资的足量投入。第二，我国没有从法律上规定各级政府的教育投资比例，这使得各级政府的投资责任较为模糊，造成教育投资责任转嫁。第三，不只是对教育的投资如此，政府对科研的投资也有这样的问题。我国《中华人民共和国科技进步法》等法律法规在立法性质上属于基干性立法，对科研投入力度等问题只有原则性、建议性的规定，而对于具体的实施方法、分担比例及违法后的惩罚等问题均没有明确的规定，可操作性不强。

综上所述，正是因为我国人力资本投资的政府投资主体缺少法律的约束，导致我国出现了人力资本投资不足的现象。

2. 对企业投资主体的法律约束缺失

目前，虽然我国有对企业在职培训投资给予税收方面的激励，如企业计提工资总额2.5%以内的培训费用可以列支税前等规定，但并没有制定对企业有针对性的法律约束。也就是说，企业计提的培训费用是否真正用于培训并没有相应的监督，对企业是否提供计提培训也没有强制性的规定。这就造成了企业对在职培训投资的随意性。

综上所述，在没有有效约束的条件下，当企业人力资本投资激励不足时，企业就会减少对人力资本的投资或者干脆不投资。

（三）人力资本投资风险无法分散

人力资本投资风险分散包括两方面含义：一方面是人力资本投资的不同利益主体应依据收益合理分担投资风险；另一方面是信息的不完全及不对称导致人力资本投资风险无法分散。人力资本的形成要求个体、组织、社会、政府共同投资，各种投资主体缺一不可。整合个体、组织、社会及政府共同投资人力资本，共同享有人力资本投资收益，是化解人力资本投资风险的重要方式。只有引导各种投资主体共同投资人力资本，共同分散风险，才能提高人力资本投资的风险防御能力，降低人力资本投资的风险。但目前我国的教育投资与科研投资都没有形成多元投资主体共担风险的模式，这主要表现在以下三个方面。

1. 尚未建立多元主体共担风险的教育投资体系

受传统体制的影响，我国尚未建立起以政府投资主体为基础，个人和企业投资主体相配合，各有重点、相互协调、良性互动的教育投资体系。教育投资具有正外部性，我国政府已对外部性较大的义务教育进行了买单。而对于高等教育而言，其个体收益要大于社会收益，应让受益主体承担投资风险。但实际上，我国目前对高等教育的投资风险几乎全由政府包揽。调查显示，2018年，全国教育经费总投入为46 135亿元，较2017年增长了8.39%。其中，国家财政性教育经费（主要包括一般公共预算安排的教育经费、政府性基金预算安排的教育经费、企业办学中的企业拨款、校办产业和社会服务收入用于教育的经费等）为36 990亿元，较2017年增长了8.13%。这说明我国政府是教育投资的主要投资主体，企业与社会几乎没有投资。而企业不参与教育投资，就不能要求学校培养出的人才可以“为我所用”。此时，企业若想选贤就必须付出信息成本，否则就要承担风险。这样一来，企业的用人成本上升，企业利润率下降，再加上企业需要支付一定的在职培训投资成本，在多重成本重压下，企业无力进行在职培训投资，不能参与教育投资，由此陷入恶性循环。

2. 尚未形成研发主体共担风险机制

我国科研投资的风险很高，目前还没有形成研发主体共担风险机制，尤其是具有领先科技水平的领域。领先技术的研究与开发具有投入大、研发时间长、预期收益不确定等特点，这就使得民间资本不愿涉足研发投资领域。目前，我国的科研投资还是以政府投资为主体，政府通过资金投入、设立重大专项资金等形式来进行。然而，具有领先水平的科技自身具有不确定性，因此其项目论证和审核周期较长，这种人为的拖延可能使科研还未真正开始时就已经处于落后状态。

3. 人力资本投资体系中缺乏中介组织

我国人力资本投资体系中缺乏信息网络健全的中介组织，导致人力资本投资主体的风险识别功能普遍较弱，而信息的不完全又导致人力资本投资风险无法分散。研究表明，市场就业信息的反馈是确保教育投资可以获得应有收益的重要因素，但目前我国高校毕业生就业率的统计流程却无法反映真实的就业信息。原因在于：我国高校统计就业率以签订就业协议为准，而这份协议只要由学校、政府教育部门的就业中心和用人单位三方盖上红色公章就视为就业。可是，在就业人数统计中并未包括自主创业、继续深造及出国留学人员。而且，这种就业信息统计方式注重的是就业学生的数量，对于学生就业的收入水平、福利待遇、具体行业、专业是否对口、工作是否满意、企业对学生的评价等一些反映就业质量的数据并没有在统计中体现，导致统计的数据具有不准确性，无法真实地反映毕业生的就业情况。

总的来说，由于毕业生就业信息不准确，导致各教育投资主体无法获得完全的信息，不能深入了解市场到底需要什么样的人才，进而导致一些通过教育投资积累的人力资本无法顺利实现其收益，因此各人力资本投资主体的投资积极性普遍不高。

二、我国人力资本投资结构不合理的成因分析

我国人力资本投资结构不合理主要表现在普通教育与职业教育之

间投资结构的不合理和科研投资结构的不合理。科研投资结构不合理主要是因为科研体制的问题，而科研投资效率不高的问题也是源于体制问题，所以对于科研投资结构不合理的原因分析与科研投资效率不高的原因分析可以合并论述，并在后续展开细致分析，这里只针对教育投资结构不合理的原因进行分析。我国对职业教育的投资远落后于对普通教育的投资，这导致职业教育规模小、层次低、质量差，无法适应社会经济发展的需要。虽然教育投资结构不合理的原因是多方面的，但是最主要的原因是民众对职业教育投资需求不足以及职业教育投资主体较为单一，下面将分别展开论述。

（一）民众对职业教育投资需求不足

一方面，我国相当一部分职业院校的教学质量较差，课程设置脱离实际，有一些甚至演变成为低层次的学历教育形式，降低了民众对职业教育的投资需求。中国农村教育行动计划项目组经过调研发现，职业学校学生的通用知识水平在入学后甚至开始退步，整体上学生的标准化数学考试成绩比刚入校时倒退了0.08个标准差，有些学生甚至倒退了0.3个标准差。这意味着学生在职业院校不但没能学到先进技术，其数学、语文等基础知识反而出现了倒退。这导致有些学生进入职业院校且发现无法学习到新技能后，选择离开学校直接进入劳动力市场。调查显示：有33%的职业学校学生辍学；继续在校的学生中有41%表示后悔选择就读职业学校；有25%的学生认为自己毕业后无法在6个月内找到一份全职工作；有46%的学生认为毕业后无法在6个月内找到一份与专业相关的全职工作。

另一方面，学生接受职业教育后的收入不高，职业发展前景不好，社会地位不高。有关调查显示，我国有90%以上的人认为尽管现在不时有高薪技工出现，但因其职业发展前景差，所以不会考虑成为技工；而已经成为技工的大多数人表示如果有机会愿意转行。造成这一现象的原因在于，技术工人一般工作在生产一线，工作环境较为艰苦，而且现在多数企业实行承包制，技术工人的工资为无底薪制，其收入普遍不高且得不到保障。另外，技术工人的晋升空间极小。以焊接工人为例，即使其拿到高级技术职业资格，仍需要在高温环境下进行工作，大多数拥有高级职称的技术工人的工资只比普通工人多几百元。而大学本科毕业生的职业发展前景要好于技术工人，高校毕业生进入职场后，其工作环境大多较为舒适，晋升空间也较大。如果高校毕业生由普通职员提升到管理层，其工资待遇通常提升空间较大，若再提升到高级管理层，其收入则会相当可观。由此可见，相对于普通教育而言，接受职业教育的学生的职业发展前景较差。

总的来说，由于上述两方面因素的存在，我国民众大多更偏好普通教育，进而造成了我国民众对职业教育投资需求不足的状况。

（二）职业教育投资主体较为单一

近年来，虽然我国企业对职业教育的投资有所增加，但总体投资水平仍旧很低，企业对职业教育的投资行为缺少规范化管理，政府依然是职业教育主要的投资主体。当政府没有财力兼顾普通教育与职业教育时，对职业教育的投资力度就很难加大。虽然“学历热”的现象已开始降温，但民众对普通教育投资的需求依然很大，于是形成了普通教育投资需求与职业教育投资需求之间的巨大差距，导致我国出现普通教育投资与职业教育投资严重不协调的问题。

三、我国人力资本投资效率不高的成因分析

（一）传统教育体制的弊端

人力资本投资效率不高导致创新型人才不足，无法有效促进经济增长。而人力资本投资效率不高的原因之一是我国传统教育体制无法适应市场经济发展的要求，具体包括以下四个方面。

1. 我国高中及以下的教育仍以应试教育为主

我国人才选拔以考试为主，于是形成了以应试教育为主的高校教育特征。2018年，全国报名参加高考的考生人数达975万，这说明高考仍然是绝大多数高中毕业生的单一选择。高等院校录取学生的标准是高考分

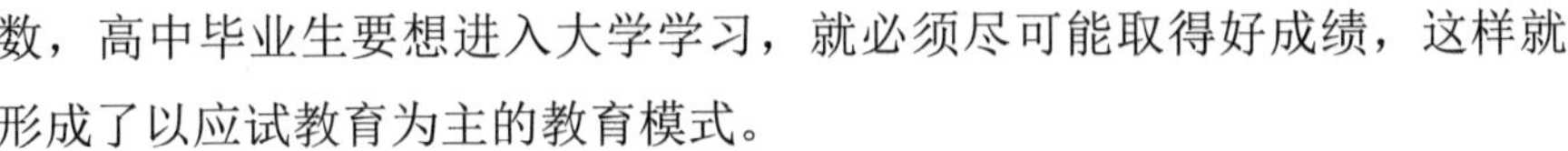

数，高中毕业生要想进入大学学习，就必须尽可能取得好成绩，这样就形成了以应试教育为主的教育模式。

2. 我国高等教育培养模式较为单一，教育理念落后

我国高等学校采用国家统一的专业目录，多数学校的专业教材几乎完全相同，教学计划相似，非重点学校复制重点学校的教学模式，专科学校模仿本科学校的教学模式。这样的培养模式导致我国培养出的学生“千校一面”，同一专业的学生过剩，而经济发展所需的创新型人才不足。实际上，学生一直都是应试教育培养出来的相似的“产品”，高等教育只是使这种相似更为趋同，因此这种培养模式培养出来的学生很难进行创新。

3. 我国高等教育的教学方法与教学过程不合理

目前，我国绝大多数高等教育的教学方法与教学过程仍以课堂授课为主，强调知识的讲授和绝对的书本作用，缺少讨论及实践的过程。由于当前大学毕业生就业困难，相当一部分学生为了推迟就业而选择考研。为了迎合这样的需求，有些学校甚至在教学中以考研为目的进行授课，使大学成为高中的延续；还有一些高校其专业课程的考试以复述型为主，使得学生更愿意死记硬背，以取得理想的考试成绩。这种刚性的教学运行机制缺少因人而异、因材施教的必要弹性，造成高等教育培养出的学生多数只有专业知识，却缺乏激情、个性和灵感，不具备创新的能力。

4. 部分高校的专业设置不合理

部分高校每年都会申请设立3～5个新专业，这些专业大多为产业结构升级急需的热门专业。设立这样的专业看起来似乎与产业结构升级的要求较为符合，但实际上，相当一部分高校根本不考虑自身实力，在没有相关的师资力量和办学条件的情况下盲目申办专业，从而忽视了对基础性专业的投入。而基础性专业正是创新的前提和基础，如果学生没有扎实的理论知识，其创新能力就很难得到培养。因此，高校不顾自身实际情况盲目追求热门学科建设，忽视基础性学科建设也是造成高校人力

资本投资效率不高的原因之一。

综上所述，我国教育体制的弊端导致我国进行教育投资的学生从开始时的应试教育逐步走进高等学校的相似教育，其创新能力得不到培养，自然无法成为产业结构升级急需的创新型人才。

（二）科研投资的市场导向性不足，没有实现官产学研一体化

我国人力资本投资效率不高的另一个表现是科研成果质量较差、转化率较低。这主要是因为我国生产与研发相分离，政府、企业、学校、研发机构没有形成一个有效的协作体系，下面将分别展开论述。

1. 生产与研发相分离

我国科研人员的商品观念较为淡薄，研发机构的市场竞争意识不强，科研与市场形成了两个相对独立的体系。大部分科研机构游离于市场和企业之外，其许多研究课题和实际生产与市场的需求关系松散，没有积极地为企业解决实际技术问题。甚至有一部分研发单位和科研人员习惯由国家财政拨款支付研究经费，其研发活动以能够立项从而申请到研究经费为目的。这种模式缺乏对技术市场的了解和重视，科研成果与企业需求脱节，导致大量科研成果无法在生产中使用。如果想在生产中使用这些成果，必须进行一系列的后续开发，有的甚至经过后续开发后也不能使用，从而造成了浪费。

2. 没有形成官产学研一体化的科研体系

根据交易成本的理论，学校和企业是进行研发和技术采用的场合。从企业的角度看，新研发成果的交易与转让都存在交易成本，如果让学校（研发者）和企业（参与者或采用者）在同一个平台共同进行合作研发，既可以节省交易成本，又可以使学校与企业分工合作，平衡基础研究与应用研究的结构。而在将学校和企业引入一个研发平台的过程中，需要政府的介入，以此确保学校和企业不是简单的黏合在一起，并使其形成与政府相一致的目标，从而充分调动多元主体的积极性，有效地降低科技成果转化成本。

就目前来看，我国还没有形成官产学研一体化的科研模式。我们可

以从申请专利的数据方面来分析，如果专利申请人的信息中既包含企业和学校的名字，又包括政府名称，则认定为官产学研合作项目。调查显示，2018年，我国专利申请量为154.2万件，但企业、学校、政府合作申请量不到1%。这说明我国官产学研一体化的科研依然没有建立，多数研发项目还是各主体独立进行。这使得我国科研成果转化成现实生产力需要的环节较多，成本较高，转化效率低下，进而导致人力资本投资效率不高。

第四章 技术创新能力对产业结构升级的影响机制研究

国内外学者已经对创新能力和产业结构升级进行过很多研究，但从技术创新能力的角度研究产业结构升级的文献目前还不多。高技术产业[①]作为科技型产业具备高创新性的特征，使得其在产业系统和区域系统中都担任着引领创新的重要角色。由此可见，从技术创新能力的角度研究产业结构升级具有深刻的实践意义。基于此，本章通过分析技术创新能力的形成过程，研究其对产业结构升级的影响机制。

《辞海》对“机制”一词的解释为：“用机器制造的；指有机体的构造、功能和相互关系；指一个工作系统的组成或部分相互作用的过程和方式。”[②]由此可见，要想解释一种生物功能的机制，需要从对现象的描述深入到对本质的说明。“机制”一词用于解释经济现象也一样，具体来说，机制的含义主要包括以下三点。第一，关系的联系方式，是指这种关系在联系到具体的对象时可以通过什么途径联结起来。因此，机制通常要与对象的结构联系在一起，反之，则没有意义。第二，关系的发生过程。这里的过程并不是指具体过程，而是指一般的从规律抽象出来的关系及其联系方式的发生过程。也就是说，不仅要抽象出某种关系以及这种关系的联系方式，还要观察这种联系方式在实现过程中所表现出的各种固有性质和逻辑联系。第三，关系存在条件及其可变性。机制的存在必须考虑条件及其变化的情况，以此增强机制本身的适应性和灵

① 高技术产业是指用尖端技术生产高技术产品的产业群，其常出现于信息技术、生物工程等领域。

② 夏征农，陈至立．辞海：第六版彩图书[M]．上海：上海辞书出版社，2009:1000.

活性。综上所述，机制是指本质关系或本质之间的关系及其联系方式、发生过程和对存在条件的适应性。

基于以上对机制的研究，我们在研究技术创新能力对产业结构升级的影响机制时，应当以高技术产业为主体，从三个维度展开分析，即高技术产业的科技创新能力，创新转化能力和环境支撑能力。具体而言，包括以下内容：第一，研究高技术产业创新能力对产业结构升级产生影响的过程中各主要环节的联系和联系方式；第二，研究这种联系和联系方式发生的逻辑过程；第三，研究这种联系和联系方式的存在条件及其变化。

总的来说，技术创新能力对产业结构升级的影响是一个过程，它以高技术产业和相关产业为能动主体，通过对投入要素进行能动转换，创造出新的创新产出，在这个由若干从事创新活动的产业构成的创新主体群落中，创新活动在各个产业之间持续发生。其中，投入要素是指投入研发的各种资源，创新产出是指各种以专利形式表示的知识与技术。

第一节　高技术产业的科技创新能力对产业结构升级的影响机制

一、高技术产业的科技创新能力与产业结构升级的关系

要想实现产业结构的升级，高技术产业需要利用其科技创新能力，进行技术创新并得到创新产出，具体包括新技术、由人力资源转化形成的新人力资本、新市场、新产业组织形态等。在此过程中，科技创新是高技术产业创新产出的核心，是提高其创新能力提升的基础，是促进产业结构升级的主要动力。基于此，下面将分析高技术产业使用科技创新

能力带来的结果和高技术产业的科技创新能力与产业结构升级的关系。

（一）高技术产业使用科技创新能力带来的结果

1. 产生新材料

材料是人类生产和生活必不可少的物质基础，是人类社会文明进步的重要里程碑。新材料进行开发和应用后，可以作为发展新技术的物质基础，促进新的技术产品的产生和产业的发展，进而带动经济、社会的发展。因此，掌握新材料成为一个国家在科技上处于领先地位的标志之一，目前世界各工业发达国家都把研发新材料作为经济、科技发展的突破口。而高技术产业使用科技创新能力可以促进技术的发展和进步，加快新材料的产生速度。当新材料作为生产资料投入使用后，将从根本上改变现有产业部门的技术结构，从而引起产业结构的深刻变革。例如，电子产业使用科技创新能力推动了电子技术的创新，进而产生了半导体、高集成芯片。

2. 形成新人力资本

劳动者是新技术的创造者、使用者和改进者。就劳动者而言，高技术产业创新能力形成的过程是从人力资源向人力资本转变的过程。而新人力资本的形成是通过对人力资源进行教育培训，使劳动者拥有新的知识、技能和体质。因此，是否掌握新技术成为评判人力资源是否转变为人力资本的重要标志。而高技术产业使用科技创新能力可以促进新技术的出现和发展，并促使劳动者逐渐掌握新技术，最终使其成为高素质的新人力资本。此外，由于现代生产体系中，部门之间、产业之间、国家之间的网络联结比较密切，如果出现一项新技术，必然需要通过劳动者这一能动主体才能实现新技术的应用、转移和扩散。在此过程中，一个部门、一个产业或者一个国家的劳动力结构就会发生变化，从而会改变产业结构中人力资本的技术素质，推动产业结构的升级。

3. 形成新市场

新市场就是新需求，新需求的形成过程就是旧需求突破均衡向新需求转变的过程，而促使旧需求向新需求转换的根本动力就是技术创新。

从需求的角度分析市场，要想市场规模扩大或产生新市场，需要借助新技术来破坏生产要素间的制约，以此增加市场的需求。因此，利用高技术产业使用科技创新能力产生的新技术，可以替换一些生产要素以增加市场需求，从而形成新市场。

4. 形成新产业组织形态

在一定历史条件下，产业组织形态与技术条件具有适配性。例如，随着现代通信技术的发展，产生了产业集群、产业网络、模块化生产方式等新产业组织形态。由此可见，要想形成某种产业组织形态，需要具备一定的技术条件。而高技术产业使用科技创新能力恰好可以使技术发展或升级，为新产业组织形态的产生创造了条件，进而促进了产业结构的升级。

（二）高技术产业的科技创新能力与产业结构升级的关系

产业结构升级即产业结构高级化，是产业结构系统根据产业结构演进的规律，不断从低级向高级演进的过程。在此过程中，起到推动作用的就是技术创新能力。技术创新是创新主体有效利用创新资源创造出新产品、新工艺的过程。技术创新是建立在原有技术的基础上的，而原有技术不仅是维持原产业结构平衡的支柱，还是阻碍新产业结构形成的障碍。由此可见，产业结构要想升级，就必须借助技术创新来突破原产业结构的平衡状态。换言之，产业结构升级的过程实质上就是技术不断创新的过程。

高技术产业不仅具有极强的科技创新能力，而且具有广泛的产业关联特性，这两个特征使得其可以在各领域进行渗透。实践证明：如果某个产业的科技创新能力强，吸收和融合创新成果的能力强，创新成果商业化和产业化的速度快，适应市场需求的能力强，那么该产业受技术创新的影响就大，并处于快速增长时期和规模报酬递增阶段；同时，如果该产业联系效应大、波及效应明显，那么就会引起新一轮的产业变革，进而推动产业结构进行升级。

纵观历史发展我们可以发现，每一次重大的技术革命的出现都伴随着新兴产业的产生，而且往往不只是一个产业，而是一个产业群。这是因为随着技术的创新与推广，生产方式会更加现代化，生产过程会更加合理化，还会产生一系列技术密集度高的产品。为了有效衔接产业链的上下游，各类生产有密切联系的产业自然会聚集在一起形成产业群。由此可见，技术创新不仅是产业发展的支撑，而且是产业结构调整的重要手段。而高技术产业具备的科技创新能力可以使科学技术进入社会生产和再生产中，从而使技术创新推动社会发展和产业结构升级。

综上所述，一个国家经济发展的快慢不仅取决于经济存量的多少，还取决于产业结构的高低。其中，对产业结构高度产生关键影响的就是高技术产业的科技创新能力。高技术产业的科技创新能力越强，则产业结构升级的速度越快；反之，高技术产业的科技创新能力越弱，则产业结构升级的速度越慢。

二、高技术产业的科技创新能力对产业结构升级的影响机制

在投入要素中，科技是创新能力提升的基础；在创新产出中，科技创新是创新能力提升的动力。同时，在高技术产业创新能力形成的过程中，科技创新能力直接作用于创新转化能力和环境支撑能力。由于其他两种能力后续内容会提及，下面重点分析高技术产业的科技创新能力对产业结构升级的影响机制，具体包括以下几方面。

（一）高技术产业的科技创新能力实现传统产业技术化机制

研究表明，当前我国以劳动密集型和劳动-资金密集型为特征的传统产业所创造的价值约占我国全部工业产值的90%，吸纳了约80%的从业人员，是我国社会财富的主要创造者。同时，虽然传统产业是我国工业经济的主体，但我国相关的产业技术水平依然较为落后。例如，2018年，我国煤炭生产的机械化程度为78.5%，百万吨死亡率首次降至0.093人，而美国煤炭生产的机械化程度早就达到100%，百万吨死亡率长期保持在0.1人以下。由此可见，我国传统产业技术化的速度较慢，主要

原因在于传统产业的创新能力较低，无法借助技术创新实现产业结构的升级。

实际上，科技创新已成为现代社会经济可持续发展的主要动力，是传统产业改造、升级的核心。要想通过提升传统产业创新能力来实现产业结构的优化升级，需要具备两个条件：第一，是否具备R&D资本；第二，高技术产业能否对传统产业进行升级和改造。传统产业作为目前我国自然资源、人力资源、资本和技术最集中的产业，要想提升其创新能力，加速产业结构的升级，需要通过技术创新的良性发展。为此，高技术产业应该发挥自身科技创新能力实现传统产业技术化的机制，提升传统产业的创新能力，完成对传统产业的改造和升级。但是，这一过程不能只局限于传统技术框架内，而是要突破传统技术框架，运用技术创新使传统产业实现生产体系、组织结构和经济结构的飞跃，从而达到产业结构优化升级的效果，具体措施应该从以下两个方面入手。

一方面，高技术产业的科技创新能力可以实现传统产业技术创新的良性循环。传统产业与新技术的结合越密切，其创新能力越高，而高技术产业使用科技创新能力可以带来技术创新，并通过前文描述的方式，促使新技术在传统产业领域的应用、融合和扩散，以加速传统产业的升级改造，促进传统产品的更新换代，从而为传统产业带来丰厚的利润，增加其R&D资本，进而实现传统产业技术创新的良性循环。

另一方面，高技术产业的科技创新活动对传统产业的技术进步具有辐射作用。高技术产业的迅速发展对传统产业的发展提出了挑战，在这种压力下，传统产业必须提高自身的技术水平，以维持和提高自身的产业竞争力。与此同时，高技术产业的科技创新活动对传统产业的技术进步具有辐射作用，为传统产业的发展和技术的进步带来了新的生机，具体包括以下三个方面。第一，高技术产业自身具有较高的劳动生产率，其通过促进传统产业的技术创新，可以为传统产业提供更先进的技术装备、手段和工艺方法，从而促进传统产业劳动生产率的提高。例如，微电子工业的发展使得数控机床逐渐取代了传统机床，极大地提高了制造业的劳动生产率。第二，高技术产业不仅以其自身的高附加值促进了工业资本结构的升级，其对传统产业不同层面的改造还提高了整个工业成本费用的利润率。例如，应用现代信息技术和系统工程技术对传统产业的研发、采购、供应、销售、管理、服务等领域进行了高层次的集成，大大削减了生产成本，使相关产业得到了更高的经济效益。第三，高技术产业生产所用的各种投入涉及许多现代尖端技术领域，不仅降低了其单位增加值能耗，而且通过提高整个工业生产要素配置，提高了传统产业的能源利用率，有效地改变了传统产业高投入、高消耗、高污染的落后状况，使传统产业朝着低能耗、低消耗、高效率、少污染的方向发展。

综上所述，高技术产业的科技创新能力实现传统产业技术化的机制实质上是一个完整的渗透系统。这一系统是社会经济技术大系统中的一个子系统，该子系统的输入、输出与社会经济大系统相联系：其输入的是市场需求、高技术投入、资源支持和政策驱动；其输出促进了产业结构的升级和国民经济的发展。具体而言，这一过程通过高技术产业与传统产业之间的经济技术联系实现，高技术通过渗透、融合到传统产业领域的各生产要素中，凝结成新的生产力结构，从而使传统产业经济效益发生质的飞跃。在此过程中，需求拉力、科技推力、资源支持力和宏观调控驱动力控制着高技术产业完成渗透过程。

（二）高技术产业的科技创新能力实现高技术产业化机制

技术与产业不是同一层次的范畴，高技术与产业化也不是同一范畴的概念。产业化需要技术支持，技术只有融入产业才能发挥其改变资源配置方式的作用，高技术只有在产业化的过程中才能实现自身价值。高技术产业化，在宏观上是指高技术作为整体形成新型产业的过程，在微观上是指一项或相关的几项高技术由企业转化为商品，逐渐形成规模，进而发展到由多家企业生产，形成相关高技术的产业，最后再渗透到其他产业中。需要明白的是，高技术虽然代表着某一领域技术上的最新成果，但并不能直接对产业结构升级产生促进作用。只有高技术实现市场化、商业化后，进行规模化生产，最终实现产业化，才能促进产业结构升级。

一般而言，高技术产业化要经历技术开发、产品开发、生产能力开发和市场开发四个阶段，这四个阶段是把新技术成果转化为技术商品并投放到市场中，以获得经济效益和社会效益的过程，是形成相关高技术的产业后，再通过产业关联与其他产业相渗透、相融合的过程。换言之，某一领域技术上的最新成果只有实现市场化、商业化后，进行规模化生产，最终实现产业化，才能促进产业结构优化升级。

从供给方面来看，高技术产业科技创新能力对高技术产业化和产业结构优化升级的作用主要体现在：技术创新可以改革生产技术基础、降低生产成本、提高产品质量和劳动生产率。由于技术创新是一个持续不断的过程，很多时候一种创新活动可能会派生出另一种创新活动，创新与创新之间是一种技术互补关系。因此，从更大范围来讲，一个部门的技术创新可能导致另一个部门的技术创新，从而形成一系列的新兴产业部门群。例如，随着光学研究的发展出现了光材料产业、光能源产业等，而光学与其他产业领域相结合又产生了一系列的创新融合，形成了光信息产业、光机械产业、激光医疗产业、激光武器产业等新兴产业群，最终这些新兴的产业部门共同推动了产业结构的优化升级。另外，在高技术产业化的过程中，传统产业可以为高技术产业提供完备的辅助工业基础设施和辅助工业系统。由此可见，这也是一个传统产业吸收融合高技术、提高自身技术水平的过程。

从需求方面来看，在高技术产业技术创新蓬勃发展之时，不仅要尽可能将其与经济、市场需求挂钩，而且要适当考虑其向下游扩散、渗透乃至形成产业的可能。这样有利于深化技术创新的深度、提升技术创新的效益。考虑到高技术产业技术创新在向下游扩散、渗透乃至形成产业的可能性，以及传统产业改造本身是一种市场需求，可以产生商业价值，我们可以推断出二者之间存在某种密切联系。实际上，高技术产业化流程和科技创新流程存在重叠部分。科技创新一端与高技术产业创新接轨，另一端与传统产业改造相结合，成为高技术产业创新与传统产业改造之间的桥梁，在对传统产业改造的同时，也为高技术产业化开辟了一条新的道路。换言之，传统产业与高技术产业协同发展的桥梁是技术创新，二者生产的产品通过技术创新处理后获得的价值是双倍的，既有高技术产品开发后形成的价值，也有传统产品改造后实现的价值。由此可见，采用高技术改造传统产业，已成为提高传统产业产品质量、降低消耗、更新产品结构、提升产品性能和区域竞争力的主要手段。而科技创新的速度和广度，决定着高技术产业发展及产业结构调整的进度，从而决定着产业结构高级化的程度。

综上所述，高技术产业科技创新能力实现高技术产业化的机制是：高技术产业的技术创新活动使生产要素的技术结构素质由低向高转化，并且生产要素向科技含量高、效益好的部门集聚。这不仅改变了生产要素配置的组合，而且会创造出更多的生产要素组合，并且这些组合是具有高价值、高效率取向的。当这些生产要素被某个特定部门吸收时，新技术就首先在这一特定的部门形成产业。如果在这一部门生产出的新技术产品或服务的需求收入弹性呈上升趋势，那么不仅会促使一系列相关产业部门的兴起，还会促使传统产业吸收融合高技术，以提高其生产技术水平，最终促使整个国民经济产业系统技术水平的提高、产业结构的升级。

第二节　高技术产业的创新转化能力对产业结构升级的影响机制

前面探讨了高技术产业的科技创新能力推动了高技术产业化，带动了高技术产业、传统产业、新兴产业的发展，进而实现了产业结构的升级。以单向流动的形式表现这一过程是为了突出表现高技术产业科技创新能力作为高技术产业创新能力的核心对产业结构升级所起的作用。本节将重点讨论高技术产业的创新转化（产业化）能力对产业结构升级的影响机制。

一、高技术转化过程研究

高技术转化是一个动态过程，是指高技术转化为生产力的过程，即把潜在的高技术转化为现实生产力的过程。同时，高技术转化的过程是技术创新顺利完成，并成功进行创新扩散，同时，促进国家产业结构升级的过程，是一个系统化的过程。由此可见，高技术转化过程也是技术扩散、波及的过程。通过考察各国高技术转化的发展过程，我们不难看到这样的运行模式：经过R＆D形成可应用的高技术，高技术与资金、劳动等其他生产要素组合在一起，再经过高技术企业的整合，形成高技术产品，最终技术通过商品的形态实现了其经济上的功能。然而，随着高技术商品的扩散与渗透，高技术得到了推广，从而使创新得到了扩散，创新扩散意味着新的技术为更多的企业、产业所采用，由此带动了产业结构升级，推动了经济的发展。

二、高技术转化是促进产业结构升级的根本动力

产业结构的优化升级就是产业结构向合理化、高度化方向的演进。具体包括两方面内容：一是结构效益优化，即通过同级结构相关性关系的合理化，提高产业系统的整体经济效益；二是转化能力优化，即通过产业结构的高度化，优化传统产业，形成高新技术产业，提高产业结构转化社会资源的能力，以满足市场需求的效率和质量。

高技术转化主要通过提升社会需求结构、改善产业技术结构来促进产业结构优化升级。社会需求是指在一定的收入水平条件下，社会各个消费群体对各产业部门的产品和服务的需求比例关系，它决定了产业间产品和服务的关联结构。而高质量和高效率地满足社会需求是优化产业结构的基本要求。由此可见，高技术转化有助于降低产业对资源的消耗，实现经济的集约增长，从而有效解决社会需求规模扩张与社会资源供给之间的矛盾。更为重要的是，高技术转化不仅增加了消费总量，而且改变了消费结构，推动了消费结构沿着生存消费、享受消费和发展消费的梯度依次逐级上升，从而刺激了新的产业部门的产生，最终促进了

产业结构升级。

产业技术结构是指各产业部门间的生产技术结构、劳动生产率结构、技术对生产的贡献结构、技术创新和技术引进结构、产品和服务的技术含量结构等，它决定了产业间的技术关联结构。而高技术转化是推动产业技术关联结构优化的最活跃、最积极的因素。高技术转化最直接的经济后果就是形成不同产业部门的比较劳动生产率。拥有高技术的主导产业可以大量吸收最新科技成果以提高本部门的劳动生产率，使生产要素从比较劳动生产率低的部门向劳动生产率高的部门转移，从而形成优胜劣汰的产业进入和退出机制。此外，高技术转化还可以通过技术扩散、渗透与诱导机制，推动相关产业的技术变革和产业结构升级。

综上所述，无论是发展高技术产业还是高技术向关联产业渗透，都会导致社会总劳动量在各个产业之间的配置和比例关系发生变化，从而促进产业结构的优化和升级，使整个产业结构系统平稳、持续地趋于合理化和高度化。

三、高技术产业的创新转化能力对产业结构升级的影响机制

为了阐述高技术产业的创新转化能力对产业结构升级的影响机制，笔者进一步将高技术转化过程分为高技术转化的初级阶段和高技术转化的高级阶段。

（一）高技术转化的初级阶段

高技术转化的初级阶段是指从R＆D到技术创新。在这一阶段，高技术转化的主体是高技术企业，通过企业的生产经营活动，实现技术创新，从而将高技术由知识形态转变为物质形态，从潜在的生产力转化为现实的生产力，完成从技术到经济的质的飞跃。因此，这一阶段是高技术转化整个运行过程中的基础和核心。

在高技术转化初级阶段的模型中，其行为主体是高技术产业的R＆D机构和高技术企业。R＆D机构主要从事技术发明与创造，为高技术企

业提供投入要素中的核心要素——高技术。之所以将其称为“核心要素”，是因为高技术是整个转化过程的根本，其他要素（如资金、劳动、原材料等）在企业的生产经营过程中围绕这个核心展开并与之结合，从而形成高技术商品。高技术企业主要从事生产经营，以从中谋取某种垄断利润，其实质就是技术创新的过程。

（二）高技术转化的高级阶段

高技术转化的高级阶段是指创新完成后，从创新扩散到结构升级。在这一阶段技术创新首次将高技术应用于生产，完成了技术与经济的结合，实现了高技术转化过程中质的飞跃。然而质的突变需要经过量的积累才能显示出其经济意义。只有经过扩散，高技术才能波及其他行业，并带动其他行业技术的进步和经济的发展，进而实现高技术产业的创新转化能力对产业结构的积极影响。

由前文可知，高技术转化的高级阶段通过提升社会需求结构、改善产业技术结构来促进产业结构优化升级。在这一过程中，产生了三种结果。第一，高技术产业规模的扩大，其直接通过技术转让或创新模仿等过程，促使本产业规模的扩大。第二，相关产业尤其是传统产业的技术升级，主要通过产业间的技术关联，高技术渗透到其他相关联的产业，应用于它们的生产过程中，或直接与它们的原有产品相结合，从而改进了原有产品并提高了劳动生产率，带动了相关产业的技术升级。例如，数控技术与普通机床相结合形成了数控机床，数控机床又作为先进设备在众多工业企业中普遍运用，使劳动生产率得到了很大程度的提高，为经济增长做出了巨大贡献。第三，新兴产业群的兴起。由于比较劳动生产率和社会需求的变化，形成了一批新兴产业群。这样一来，高技术经过转化和扩散，促使传统产业的技术升级、自身规模的扩大以及新兴产业群的产生，从而促进了产业结构的升级，在推动经济发展方面实现了第二次质的飞跃。

需要特别指出的是，高技术产业规模的壮大、传统产业的技术升级以及新兴产业部门的出现又可以为高技术产业创新成果的转化提供强大支撑，包括资金支撑，市场支撑和实验、中试及生产基地的支撑。同时，在高技术转化的基础上形成了新一轮的高技术产业科技创新过程，从而又进入了科技创新推进产业结构升级的阶段。由此可见，高技术产业的创新转化能力与产业结构升级是相互连接、相互促进的。

第三节 高技术产业的环境支撑能力对产业结构升级的影响机制

高技术产业的环境支撑能力是指在外部环境对高技术产业开展创新活动及其创新成果在相关产业间转移和扩散过程起到的支撑能力。其中，外部环境主要包括高技术产业所处的行业环境、政策环境、国家的创新战略环境等。

影响产业结构变动的因素是多方面的，主要包括制度与非制度的因素。如果按照国外的产业结构理论来分析我国的产业结构，会发现其结论与我国实际经济情况明显不符，这是因为我国正处于经济体制转型阶段，按照一般的理论或者按照普遍存在的因素来分析我国的产业结构是不全面的。基于此，本节主要从两方面的外部环境因素入手，以此研究高技术产业的环境支撑能力对产业结构优化升级的影响机制。一是市场经济体制内的环境因素，主要是高技术产业的行业环境；二是国家制度的环境影响，主要是政府支持高技术产业的制度环境。下面将分别考察二者是如何推进产业结构升级的。

一、高技术产业行业环境与产业结构升级

高技术产业的环境支撑能力之所以能与产业结构升级发生联系，主要是因为高技术产业技术创新的特性及其市场竞争的特点。它们共同决定了高技术产业具有集群的特征，高技术产业集群的发展又进一步推动了产业结构的升级。因此，我们有必要研究高技术产业市场环境与产业

结构升级的关系和影响机制。

（一）高技术产业技术创新和市场竞争的特点

1. 技术创新

技术创新是高技术产业的一个突出特征，而高技术产业的技术创新具有鲜明的特点：技术创新是多种因素相互作用的复合体。高技术产业、科学技术研究机构都是技术创新的参与者。在高技术产业中，技术创新是一种学习的过程，与“做中学”等活动紧密相关。另外，在高技术产业中，技术创新的速度非常快，并且具有显著的技术扩散机制。

2. 市场竞争

高技术产业技术创新的特点决定了高技术产业是一个高度垄断性与高市场竞争性并存的产业。高技术产品具有较高的技术含量和附加值，即具有很强的技术优势和成本优势，从而具有高度的垄断性；但它同时又受到同行业的竞争威胁，即在市场竞争过程中受到具有可替代性技术垄断的竞争威胁。

简单来说，高技术产业市场竞争的特点主要表现在以下三个方面。

（1）高技术产业的市场竞争具有先行者优势

从长期来看，在波浪式技术发展大潮中，所有高技术产品都无法为企业带来长期利益，不过由于技术的“锁定”效应，首先开发出新产品的企业享有先行者优势。这是因为高技术拥有者可以凭借其优势地位，迅速扩大生产规模，以降低单位成本，从而形成自己的先行者优势。

（2）高技术产品生命周期的缩短使企业难以保持竞争优势

高技术产品的生命周期随着技术创新的发展而缩短，很难使企业保持长期竞争优势。高技术产品大多属于创新型产品，其单位产品生产成本中研究与开发成本占有较大比重。但是随着知识经济的日益深化，其产品生命周期大为缩短。此外，高技术产品的大范围扩散和技术溢出效应也使得成功的高技术产品容易被竞争对手所模仿，从而难以保持其竞争优势。

（3）高技术产品的市场需求不易预测

高技术产业的需求具有无意识性、不确定性高的特点。高技术产业开发新产品时顾客往往对该商品还不甚了解，但是许多市场需求预测技术都是基于顾客对传统产品的需求来预测的，并不是对于高技术产品的需求。由此可知，高技术产品的市场需求不易预测。

（二）高技术产业行业环境对产业结构升级的影响机制

高技术产业具有的科技创新和市场竞争的特征决定了高技术产业具有范围经济性、关联经济性、速度经济性和规模经济性，再加上高新技术产品生命周期较短，升级换代较快，往往不以当地消费导向为主，具有风险性。要想规避高技术产业的风险性，高技术产业就需要本身具有较强的行业实力。行业实力主要体现在较高的劳动生产率、较强的产业竞争力以及较高的产业集聚程度等方面。这种较强的行业实力可以吸引高技术产业创新所需要的人才和资金等重要资源。首先是人才，人才是指拥有丰富知识和高度专业化技术的高层次人员，他们是高技术产业创新的主要推动力量；其次是资金，充足的资金是高技术产业创新的保障。

此外，在一定时期内，围绕某项特定的创新技术会形成一定的技术创新链。由于内在关联性和技术势差的存在，各创新因子在流动中会引发连锁、协同效应，可以横向扩散和纵向渗透。[①]因此，较高的产业集聚程度有利于创新成果溢出，进而带动相关产业的技术升级，促进产业结构的优化升级，而较强的行业实力为高技术产业科技创新和创新成果的转化扩散提供了环境支持，这种行业环境有利于产业结构的优化升级。

综上所述，高技术产业行业环境对产业结构优化升级的影响机制是：具有较高劳动生产率和较强竞争力的高技术产业可以有效地配置区域资源，使人才和资金向高技术产业流动，增强行业实力，有利于高技术产业的科技创新以及创新成果的转化和扩散（这一过程与前述的影响

---

① 江志鹏，樊霞，朱桂龙，等．技术势差对企业技术能力影响的长短期效应——基于企业产学研联合专利的实证研究［J］．科学学研究，2018(01):131-139.

机制研究是一致的）；同时，产业集聚程度越高，创新成果溢出效应就越显著，从而带动技术在高技术产业内部和产业间流动，促进产业结构的优化和升级。

二、高技术产业制度环境与产业结构升级

（一）制度环境与产业结构升级的一般问题研究

传统的观念一直认为制度是政治学的“专利”，直到制度本身所包含的效率受到人们的特别关注时，“制度”这一概念才进入经济学家的视野。传统经济学家将经济组织当作经济制度，并认为经济制度是组织安排的复合体。例如，阿兰·格鲁奇（Allan G. Gruchy）认为：“经济制度是指各个参加者的组织发展的复合体，这些参加者同分配稀缺资源以满足个人和集体的需要有关。”而新制度经济学家则认为，制度是活动主体自发产生的规则。例如，诺思（North）认为：“制度是一个社会的游戏规则，更规范地说，它们是为决定人们的相互关系而人为设定的一些制约。制度提供了人们在政治、社会或经济方面发生交换的激励结构，制度变迁则决定了社会演进的方式，因此，它是理解历史变迁的关系。”由此可见，新制度经济学家则将制度与组织明确区分开来。组织包括政治团体、经济团体、社会团体和教育团体，它们是为达到某一目标而受到共同约束的个人团体，是在现有约束所致的机会集合下有目的地创立的。从总体来看，新制度主义者一般均认为制度有两层基本含义：第一，制度是行为规则，决定着人们在经济发展过程中能做或不能做什么事；第二，制度是人们制定的各种经济、社会、政治等组织或体制，决定着一切经济发展活动和各种经济关系展开的框架。

综上所述，制度是公共选择的产品，具有非竞争性和非排他性，它使从自利性出发形成的暂时制度成为较长时期的制度，使权利与义务在各方进行配置，并起到相互约束的作用。此外，制度还是公共活动的产物，与制定制度的公共组织机构的特性有着必然的联系。由此可见，研究高技术产业的制度环境问题实际上就是研究制定制度的公共组织机构

的特性和行为方式。

（二）高技术产业制度环境对产业结构升级的影响机制

在产业结构升级的过程中，制度安排是在各产业部门具体活动主体的共同的、独立的、博弈的选择集中产生的。产业结构升级制度是指各产业组织在对原有产业关系进行分化和重组的过程中产生的权利、义务匹配与约束的规则体系。它包含了产业组织、政府组织、产业运作、产业分解和产业重组等方面的权利义务。无论是市场调节还是政府调节，我们都可以从不同角度划分不同的制度。产业结构升级的制度环境的具体划分标准为：产业结构变动的因素、产业结构变动的载体、产业管理部门和再生产关系。产业结构升级的相关制度如图4-1所示。

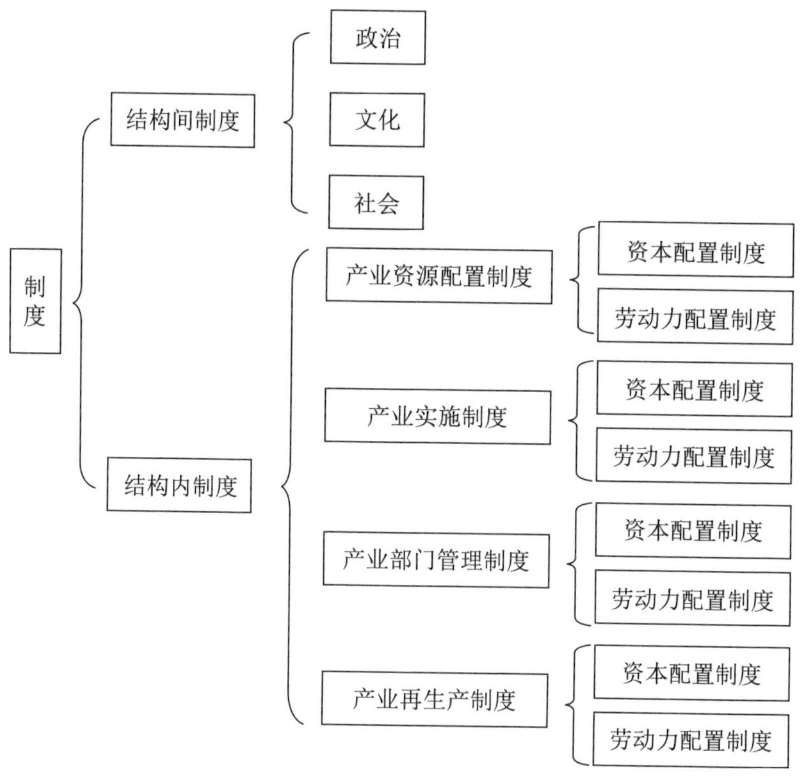

图4-1　产业结构升级的相关制度

正是因为各产业产权主体在权利义务的多样化配置，才形成了截然不同的经济体制，从而形成了不同的产业结构升级制度。当权利与义务集中于或相对集中于微观行为主体的制度安排时，产业结构调控取决于微观主体的行为；当权利与义务集中于或相对集中于政府的制度安排时，产业结构调整取决于政府行为。前者被称为“市场调节制度”，后者被称为“政府调节制度”或“计划调节制度”。

在一般的结构变动和结构调整模型中，影响结构变动的变量一般是制度因素和非制度因素。由于这里研究的是制度环境的影响，下面仅讨论制度因素。具体而言，制度因素因划分方式不同，可以分为不同类型。首先，制度可以分为正式制度和非正式制度：正式制度包括政策、法规和经济运行机制等；非正式制度因素包括习惯、风俗、思想和观点等。其次，制度可以分为外生制度和内生制度：外生制度包括法律法规和政策设计；内生制度包括内生于市场经济的市场秩序等。最后，制度可以分为直接制度和间接制度：直接制度是影响产业结构的制度，包括金融制度、投资制度、人口流迁等要素；间接制度是间接作用于生产要素，间接影响生产及生产结构的制度，包括税收制度、汇率制度等。

鉴于制度概念的复杂性，本书讨论的制度环境特指政府有关高技术产业创新的政策性制度，包括政府有关高技术产业的政策、有关创新的政策等。这些政策性制度对高技术产业的创新活动及技术创新成果的转移、扩散具有促进或阻碍的作用，进而对产业结构的优化升级产生影响。其中，产业政策是政府根据经济发展战略要求，以培育新的产业或强化战略性产业形成新的比较优势的政策，是国家经济发展战略的体现。它强调在国家层面上对产业布局、产业结构、产业组织和产业技术等内容进行战略调整。一般来说，产业政策的干预内容范围较广，产业政策可以细分为四个方面，即产业结构高级化政策、产业组织适度化政策、产业布局合理化政策和产业技术创新化政策，四者相辅相成，缺一不可。

当前中国经济结构已出现失衡，具体表现为：三大产业结构不合理，农业基础地位需要进一步加强；第二产业比重偏高，服务业发展滞后；工业中传统产业、低技术含量和低附加值的产业仍占主导地位，产业结构升级的内在动力不足；服务业内部结构不合理，传统服务业比重仍然偏大，现代服务业发展缓慢，特别是金融、保险、咨询、物流等现代服务业和生产型服务业的发展较慢。为了促进产业结构的调整升级，除了要发挥市场机制调节资源配置的基础作用之外，我国还需要进行宏观调控，尤其是利用产业政策加以引导。

研究表明，产业结构升级是一个市场不断参与的过程，但由于市场经济所固有的盲目性，仅靠市场机制的调节很难形成一个结构合理、优化有序、有利于经济健康持续发展的经济结构或产业结构。而产业结构升级的内在动力不足是产业结构失衡的主要原因。因此，当前产业政策的关键就是促进技术进步，以实现各产业比较优势的动态升级，提高产业的竞争力。而高技术产业具有技术含量高、产业关联度大的特征，同时目前中国的高技术产业主要集中在装备制造业领域，因此，高技术产业的发展政策在加快发展高技术产业的基础上，还会进一步增强高技术产业对经济增长的带动作用，对农业现代化、传统工业行业技术升级以及现代服务业的发展都会产生积极的促进作用。

总的来说，以创新为产业基本特征的高技术产业，不仅代表着未来经济的发展方向，也关系到经济的增长后劲。要想促进高技术产业的发展，并提高其创新能力，除了要发挥市场机制的作用之外，还需要国家进行宏观调控，尤其是利用产业政策和创新政策加以引导。由此可见，良好的产业政策和创新政策不仅可以为高技术产业创新提供有效的资本配置和劳动力配置以及良好的政治、社会、文化环境，还可以为其创新能力的提高提供制度保障，从而形成有利于创新成果转化和扩散的制度环境。

综上所述，整个产业体系通过创新过程的交互性，即重视反馈作用在创新的上游、下游阶段所扮演的重要角色，以及发生在产业内部和产业之间的科学、技术以及与创新相关的活动之间的大量交互作用，以形成创新网络，为进一步的创新活动奠定基础。[①]笔者通过研究高技术产业制度环境对产业结构升级的影响机制发现，有效的制度安排有利于形成以高技术产业创新能力为核心的产业创新网络，创新活动在产业之间畅通无阻地交互，可以形成循环往复的创新链，不断地增强产业结构升级的内在动力。[②]

① 周叔莲，王伟光．科技创新与产业结构优化升级［J］. 管理世界，2001(05):70-78,89,216.

② 唐德祥，孟卫东．R&D 与产业结构优化升级——基于我国面板数据模型的经验研究［J］. 科技管理研究，2008(05):89-93.

第五章 人力资本、技术创新对产业结构升级影响的实证研究

第一节 确定变量及数据的前期处理

因数据获取困难，本书选取我国31个省、自治区、直辖市（港澳台除外）2005—2016年的宏观数据作为研究样本，数据主要来源于《中国统计年鉴》《中国科技统计年鉴》和《中国城市统计年鉴》。为消除可能存在的异方差异性对研究的影响，笔者在实证研究中还对原始数据进行了对数处理。

一、确定变量

为研究技术创新、人力资本对产业结构升级的影响在区域上的差异性，本书按国家统计局的划分标准将选取的31个省、自治区、直辖市划分为东部地区、中部地区和西部地区。其中，东部地区包括北京市、天津市、山东省、辽宁省、河北省、上海市、浙江省、江苏省、广东省、广西壮族自治区、福建省和海南省；中部地区包括吉林省、黑龙江省、内蒙古自治区、河南省、山西省、安徽省、湖北省、湖南省和江西省；西部地区包括甘肃省、陕西省、四川省、重庆市、青海省、宁夏回族自治区、贵州省、云南省、新疆维吾尔自治区和西藏自治区。

（一）确定因变量

在现有文献中，常用来衡量产业结构水平的指标有以下几种。

1. 产业结构转换系数（CS）

$$产业结构转换系数=\frac{第二产业产值+第三产业产值}{GDP} \quad (5-1)$$

2. 产值增加值比重

以第三产业增加值与第二产业增加值之比表示产业结构水平。

3. 产业结构层次系数

将某地区经济划分为n个产业，并按产业层次予以不同的权重，加权后表示产业结构水平。

4. 劳动生产率

将各产业的劳动生产率分别乘以各产业增加值占当年GDP的比重，求和后再综合表示产业结构系数。

受数据可得性的限制，本书选取第二种指标即产值增加值比重来表示产业结构水平。

（二）确定自变量

1. 人力资本水平（EDU）

关于人力资本水平的衡量以及人力资本结构指标体系的构建，学术界已经进行了详细的阐述。常用指标主要有：平均受教育年限、教育支出占政府财政支出的比重、用高等教育毕业生人数和中等教育毕业生人数分别代表人力资本的高层次水平和低层次水平。因为本书主要研究人力资本的知识、技能对产业结构升级的影响，所以本书选取样本的平均受教育年限来量化各省的人力资本水平。《中国统计年鉴》的人口抽样调查样本数据中，按教育年限的长短，分别赋以权重0、6、9、12、16，其计算公式如下：

平均受教育年限=（小学学历人数×6＋初中学历人数×9＋高中学历人数×12＋大专及以上学历人数×16）÷六岁及以上人数　　（5-2）

2. 创新投入（RD）

已有很多文献对创新的指标体系进行了构建，本书主要从技术创新的角度出发，研究创新经费投入对产业结构升级的影响。研发经费投入是某一区域对技术创新的主要投入方式，本书用研发投入指标量化了区域技术创新的水平与强度，主要用区域科研投入经费支出来表示。

（三）确定控制变量

1. 外商直接投资（FDI）

外商直接投资带来的资金和技术是影响我国产业结构升级的重要因素。本书主要用31个样本的外商直接投资总额来量化这一指标。

2. 国际贸易（Open）

国际贸易不仅是国与国之间的货物贸易、服务贸易，而且它为国与国之间的技术联系搭建了桥梁，对一个国家的经济产业具有明显的推动作用。本书主要用31个样本的进出口总额来量化国际贸易指标，观测其对产业结构升级的影响。

3. 固定资产投资（Invest）

固定资产投资作为一项重要的要素投入，对产业结构升级有其特有的推动作用。本书主要用31个样本的固定资产投资总额来量化这一指标。

二、构建基础函数

产业结构升级是一个动态的过程，前文已对产业结构升级的概念进行了详细的介绍，此处不再赘述。产业结构升级表现在两个不同年份产业结构升级程度（水平）的比较中，产业结构升级程度（水平）可以用产业结构层次系数来定量测度和刻画。产业结构层次系数如下：

$$W=\sum_{i=1}^{n}\sum_{j=1}^{i}q(j) \tag{5-3}$$

式（5-3）中，n——产业数目；

$q(j)$——产业增加值比重。

显然，W越大，该区域的结构层次系数就越大，产业结构水平也就越高。结构层次系数的价值和意义不在于反映某区域某年份产业结构升级程度的绝对水平，而在于分析一段时间内区域产业结构的升级状况以及比较不同区域产业结构升级的联系性与差异性。产业结构层次系数更加具象地展现了区域产业结构的升级状况与三次产业结构的变动状况。因此，本书运用产业结构层次系数将2005—2016年的全国和分区域的产业结构升级进程进行了比较分析，结果如图5-1所示。

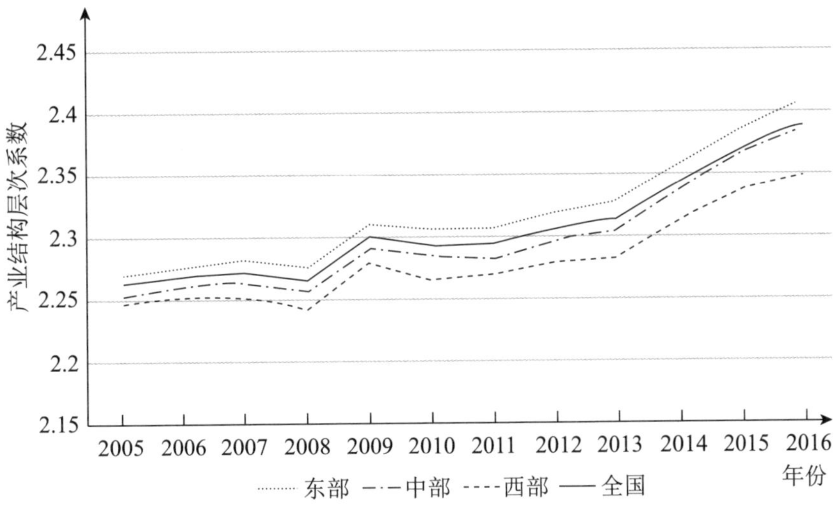

图 5-1　2005—2016 年全国和分区域的产业结构层次系数变化趋势

由图5-1可知，2005—2016年我国产业结构层次系数呈稳定上升的趋势，这表明我国产业结构升级进程进入稳定阶段，产业结构优化升级取得了一定成效。从分区域的比较来看，东部地区、中部地区和西部地区的产业结构层次系数趋势大致与全国一致。其中，东部地区的产业结构层次系数最高、中部地区次之、西部地区最小。这说明我国产业结构的升级进程显示出一定的产业结构层次系数落差，发展呈现出一种不均衡的状态。

三、数据变量的平稳性检验

确定数据变量的平稳性是计量经济分析的基本要求，变量是否平稳对面板数据模型有着重要的影响，数据变量的非平稳性可能导致计量统计结果出现伪回归。因此，在对计量经济模型进行估计之前，我们必须先对观测值的时间序列数据进行平稳性检验。

通常可以使用单位根检验来对时间序列数据进行检验，如果存在单位根，那么该经济变量指标的时间序列就是非平稳的。一旦数据变量处于非平稳状态，就可能会产生以下问题：自回归系数的参数估计值向左偏向于0；两个相互独立的变量之间可能出现伪相关或伪回归现象；检验失效，检验结果不可取。

通常情况下，面板数据的样本容量较大，而传统的单一时间序列单位根检验很难对面板数据的非平稳性进行有效的检验。为此，学术界找到了其他检验面板数据非平稳性的检验方法，如逻辑链路控制（LLC）检验、入侵防御系统（IPS）检验等，这些方法可以同时对多个不同变量的对应时间序列做单位根检验。基于此，本书来用这两种检验方法处理了样本数据，检验结果如表5-1和表5-2所示。

表 5-1　各变量水平值的单位根检验结果

检验方法	水平值					
	lnCS	lnEDU	lnRD	lnFDI	lnOpen	lnInvest
LLC 检验	-9.089***	-1.397***	-9.184***	-10.661***	-8.777***	-7.820***
IPS 检验	-1.460	-1.985***	-1.590	-1.567	-1.294	-1.446

注：***、** 和 * 分别表示在 1%、5% 与 10% 显著水平下显著。

表 5-2　各变量一阶差分的单位根检验结果

检验方法	水平值					
	DlnCS	DlnEDU	DlnRD	DlnFDI	DlnOpen	DlnInvest
LLC 检验	-12.140***	-17.774***	-14.356***	-14.931***	-12.950***	-10.797***
IPS 检验	-1.962***	-2.805***	-2.376***	-2.176***	-2.003***	-1.891

注：***、** 和 * 分别表示在 1%、5% 与 10% 显著水平下显著。

由表5-1可知，在LLC检验中，各变量水平值均拒绝了原假设，即数据是平稳的；在IPS检验中，除了lnEDU变量之外，其他变量水平值均接受了原假设，即面板数据是非平稳的。为消除随机性趋势的影响，要先对面板数据进行一阶差分，再进行面板单位根检验，根据表5-2可知，此时在LLC和IPS检验中，各变量的一阶差分值均拒绝了存在单位根的原假设，可建立面板模型进行参数估计，对数化后的变量lnCS、lnEDU、lnRD、lnFDI、lnOpen、lnInvest是一阶单整序列。

第二节　静态面板数据模型的实证研究

由于我国各省份的自然资源禀赋、技术水平、教育水平以及经济产业基础具有较大差异，不同区域技术创新、人力资本对产业结构升级的作用机制可能存在差异。这种各省之间异质性的存在，使得个体效应项成为模型构建中不可忽略因素。为此，本书在模型中引入了时间效应，以考虑作用机制在不同时期上的差异性，实际上本章第一节就已经对静态面板数据模型完成了构建。

依据本章第一节构建的面板数据模型，首先利用Stata 16.0软件进行数据处理，然后分别采用固定效应模型（Fixed Effects Model，简称FEM）、随机效应模型（Random Effects Models，简称REM）和混合面板模型对全国层面的面板数据进行了估计，结果如表5-3所示。固定效应模型估计输出结果中的F统计量表明，模型存在个体效应，不能忽视个体之间的异质性而进行估计，因此由混合最小二乘法得到的混合模型参数估计结果在统计上是失效的。关于模型的个体效应是符合固定效应还是随机效应的假设，可以用Hausman检验进行验证，检验结果如表5-4所示。由表5-4可知，检验结果拒绝了原假设。因此，最终选取固定效应模型的参数估计作为静态面板数据模型估计结果。

表 5-3　全国层面的产业结构优化升级面板数据模型估计结果

	固定效应模型	随机效应模型	混合面板模型
人力资本水平	0.122 9*	0.184 4*	0.103 0
	（0.139 9）	（0.116 4）	（0.0807）
创新投入	0.061 9***	0.043 4***	0.397***
	（0.023 3）	（0.021 1）	（0.017 7）
外商直接投资	0.042 7***	0.035 5***	−0.021 2
	（0.015 9）	（0.015 3）	（0.015 4）
国际贸易	−0.081 6***	−0.041 4***	0.063 3***
	（0.015 1）	（0.014 7）	（0.014 6）
固定资产投资	0.033 3	0.006 4	−0.122 6***
	（0.022 5）	（0.016 7）	（0.016 1）
F 统计量	32.22	36.59	24.47

注：括号内数值是标准误差；***、** 和 * 分别表示在 1%、5% 和 10% 显著水平下显著。

表 5-4　模型检验结果

原假设	$H0$：all u_i=0	$H0$：$E(\mu=X)$=0
检验统计量	F 检验 F 统计量 =42.25 P 值 =0	Hausman 检验 卡方统计量 =97.8 P 值 =0
检验结果	拒绝原假设，模型中存在个体效应	拒绝原假设，应使用固定效应模型

由表5-3和表5-4可知，人力资本水平、创新投入、外商直接投资、国际贸易对产业结构升级都产生了显著的影响，由此可以得出以下结论。

第一，在人力资本指标的测度上，人力资本水平对产业结构的影响在10%的显著性水平上显著，对产业结构升级的推动作用较为明显。人力资本水平每提高1%，产业结构水平就提高0.122 9%。这是因为人力资本水平的提高能显著提升劳动者的劳动生产率，提升产业内资源、技术的使用效率，提高区域产业弹性，增强区域产业转换承受力。由此可见，在同等条件下，具备更高知识与技能的劳动者对其他生产要素的使用效率会更高，从而可以提高产业产出水平，这对于摆脱产业的低效发展具有重要的意义。

第二，在创新指标的测度上，创新投入对产业结构水平的影响在1%的显著性水平下显著，对产业结构升级有积极的推动作用。创新投入每增加1%，产业结构水平就提高0.061 9%。这是因为创新可以显著提升产业的技术水平，使传统产业更适应外部经济的发展，促进技术密集型产业以加强产业的扩散效应和关联效应，发展催生新兴产业以创造新的高新技术产品改变社会需求结构，促使产业结构不断优化升级。

第三，在其他经济指标的测度上，首先，外商直接投资对产业结构水平的提升具有显著的积极作用，外商直接投资每提高1%，产业结构水平就提高0.042 7%。由此可见，外商直接投资不仅增加了产业内的资本投资，而且外商资本投资所带来的技术外溢效应对我国产业技术水平的提升有着积极的影响。其次，国际贸易对产业结构水平的提升具有负面影响，国际贸易每提高1%，会使产业结构水平下降0.081 6%。目前，我国的国际贸易活动主要还集中于第二产业，在第二产业发展的初始阶段会促进产业结构升级，但是在第二产业占比达到一定程度时则会阻碍产业结构升级。因此，从产业构成角度出发，大力发展第三产业的国际贸易，特别是高技术含量、高附加值的产品的国际贸易刻不容缓。最后，在全国的数据估计中，固定资产投资对产业结构升级的促进作用并不明显。

此外，本书基于区域差异的视角，对区域产业结构的优化升级也进行了静态面板数据模型估计，结果如表5-5所示。

表 5-5　区域层面的产业结构优化升级面板数据模型（固定效应）估计结果

	东部地区	中部地区	西部地区
人力资本水平	0.326 7*	−0.025 8	0.004 2
	（0.205 3）	（0.348 6）	（0.176 1）
创新投入	0.259 9***	0.370 3***	−0.018 5
	（0.033 6）	（0..071 1）	（0.034 0）
外商直接投资	−0.000 6	0.253 2***	0.006 7
	（0.016 6）	（0.052 5）	（0.026 5）
国际贸易	−0.159 9***	−0.067 7*	−0.043 6**
	（0.026 6）	（0.034 5）	（0.019 6）
固定资产投资	0.091 5***	0.303 3***	0.088 4**
	（0.027 1）	（0.057 3）	（0.034 4）
F 统计量	56.37	16.01	7.01

注：括号内数值是标准误差；***、** 与 * 分别表示在 1%、5%与 10%显著水平下显著。

根据表5-5的估计结果，我们可以得出以下有价值的结论。

第一，在人力资本指标的测度上，只有东部地区的人力资本水平对产业结构的优化升级显示出积极的促进作用。这是因为东部地区经济发达，对教育的投入、人才的培养水平和力度明显高于其他地区，显示出该地区在人力资本上的领先地位。中部地区和西部地区与东部地区相比，人均受教育程度较低，人力资本对产业结构优化升级的促进作用未显示出显著性，但这并不能否认人力资本的重要作用。对此，中部地区和西部地区应加大人力资本投入，提高人力资本效应的显著性。

第二，在创新指标的测度上，东部地区与中部地区的创新投入对产业结构水平产生了积极的正向影响，且参数估计都通过了1%的显著性检验，而西部地区创新投入对产业结构水平的影响为负面影响，且参数估计值未通过显著性检验。这表明创新投入对产业结构水平的影响存在区域间的差异。东部地区与中部地区经济发达，区域内比较重视产业技术水平的提升，创新投入也较大，因此创新对这两个地区的产业结构优化升级起到了积极的推动作用；西部地区的产业主要还是集中于高能耗、低效率的第一产业和第二产业，区域内的创新投入与东部地区和中部地区相比较少，技术水平相对落后，因此创新投入对西部地区产业结构的作用并不显著。

第三，在其他经济指标的测度上，首先，外商直接投资仅在中部地区显示出积极作用，在中部地区和西部地区则未起到明显作用。这可能是因为中部地区相比于已经繁荣富裕的东部地区和对资金、基础设施都不足不够的西部地区，对外商的吸引力更大。其次，国际贸易对各个区域产业结构升级的影响均显示出负向调整作用，这与表5-3的统计结果一致，说明我国国际贸易中第三产业仍处于较低水平。最后，关于固定资产投资对产业结构的影响，在东部地区显示出负面影响，而在中部地区和西部地区显示出较强的正向调整作用。通常情况下，固定资产投资主要用于企业的基本建设、更新改造、大修理和其他固定资产投资。东部地区的基础建设较为完善，其固定资产投资主要用于固定资产的折旧和更新，过多的固定资产投资反而挤占了促进产业结构升级的其他投资；而中部地区和西部地区的固定资产投资则有效地改善了区域内企业的基础设施建设，从而有利于区域内产业结构的升级。

综上所述，我们可得到以下结论：人力资本水平和创新投入对我国产业结构升级进程具有积极的推动作用，但对于不同的区域显示出不同的特征。具体而言，东部地区人力资本提升与创新投入对产业结构的升级都显示出积极的正向作用，东部地区显示出在人才培养、技术创新以及产业结构水平上的领先地位；中部地区创新对产业结构显示出积极的促进作用，然而人力资源红利还应继续挖掘；西部地区的产业结构升级主要还依靠固定资产投资，产业的人力资本水平和技术水平都比较落后。

第三节 面板向量自回归模型的实证研究

本节将人力资本水平、创新投入和产业结构水平指标所对应的三个变量作为面板向量自回归模型（PVAR）[①]的内生变量来处理，考察其相互影响的动态关系。

设 y_{it}是包含三个变量｛CS，EDU，RD｝的向量，CS表示产业结构水平，EDU表示人力资本水平，RD表示创新投入。本书构建的面板VAR模型如下：

$$\ln CS_{it}=\alpha_{10}+\sum_{j=1}^{m}\alpha_{1j}\ln CS_{it-1}+\sum_{j=1}^{m}\beta_{1j}\ln RD_{it-1}+\sum_{j=1}^{m}\gamma_{1j}\ln EDU_{it-1}+\varepsilon_{1it} \quad (5\text{-}4)$$

$$\ln EDU_{it}=\alpha_{30}+\sum_{j=1}^{m}\alpha_{3j}\ln CS_{it-1}+\sum_{j=1}^{m}\beta_{3j}\ln RD_{it-1}+\sum_{j=1}^{m}\gamma_{3j}\ln EDU_{it-1}+\varepsilon_{3it} \quad (5\text{-}5)$$

$$\ln RD_{it}=\alpha_{20}+\sum_{j=1}^{m}\alpha_{2j}\ln CS_{it-1}+\sum_{j=1}^{m}\beta_{2j}\ln RD_{it-1}+\sum_{j=1}^{m}\gamma_{2j}\ln EDU_{it-1}+\varepsilon_{2it} \quad (5\text{-}6)$$

式中，i——不同的省级单位；

t——年度时间；

CS_{it}——i省级单位第j年的产业结构升级程度；

EDU_{it}——i省级单位第j年的人力资本水平；

RD_{it}——i省级单位第j年的科研经费投入。

一、选择最优滞后阶数

在PVAR模型的估计中，我们需要正确选择变量的滞后阶数，从而避免因滞后阶数选择不当而造成遗漏包含在滞后项中的信息等问题，以保证估计结果的准确性。统计上通常采用赤池信息准则（AIC）、贝叶斯信息准则（BIC）、汉南·奎因信息准则（HQIC）三种信息准则对滞后项进行最优筛选，当其信息量最小时，即为最优的滞后阶数。从表5-6中可以看出，AIC、BIC和HQIC值都最小时的滞后阶数为一阶，因此本书的

① PVAR（Panel—VAR）模型是用于面板数据分析的 VAR 模型。

PVAR模型估计选择滞后一阶为最优滞后阶数。

表 5-6　PVAR 模型滞后项的选择标准

滞后阶数	AIC	BIC	HQIC
1	−9.187 76*	−7.958 31*	−8.696 27*
2	−9.125 38	−7.680 70	−8.545 85
3	−9.125 38	−7.150 14	−8.165 81
4	−8.266 13	−6.256 88	−7.454 47

注：* 表示在 10% 显著水平下显著。

二、PVAR 模型的估计结果

在估计PVAR模型时，我们需要先消除样本中的个体固定效应与时间固定效应，一般均值差分法对固定效应的消除可能会产生误差，因此本书采用前向均值差分法来消除模型中的固定效应，即通过消除个体每一观测值的均值，实现滞后回归系数与转换变量之间的正交变换，从而使变量、滞后项与误差项均不相关。鉴于连玉君教授编写的PVAR2程序包已经实现了前向差分内化。本书利用广义矩估计法（GMM）得到了全国层面上的人力资本水平、技术创新投入与产业结构升级之间的PVAR模型参数估计结果，具体内容如表5-7所示。

表 5-7　全国层面的 PVAR 模型估计结果

解释变量	被解释变量		
	lnCS	lnEDU	lnRD
L1.lnCS	0.814 4***	−0.014 3	−0.297 8
	（0.049 8）	（0.060 6）	（0.190 1）
L1.lnEDU	−0.236 8	0.434 1**	−0.320 0
	（0.189 5）	（0.181 6）	（0.542 6）
L1.lnRD	0.036 2*	0.032 0**	0.865 3***
	（0.020 8）	（0.012 7）	（0.053 9）

注：L1 表示滞后一期；括号内数值是标准误差；***、** 与 * 分别表示在 1%、5% 与 10% 显著水平下显著。

根据表5-7中全国层面的PVAR模型估计结果，我们可以得出以下结论。

第一，滞后一期的产业结构水平对当前期的影响系数为0.814 4，且通过了1%的显著性水平检验，产业结构的动态调整升级机制存在，本书检验到的动态影响期数为一期。由此可见，产业结构升级不是瞬时巨变，后期的产业结构是前期产业结构的延续，是对前期产业结构的扬弃过程，产业结构升级存在动态升级机制。

第二，滞后一期的人力资本水平对当前的人力资本水平具有正向的动态调整机制，通过了5%的显著性水平检验。但之后一起的人力资本对产业结构水平动态调整的影响并未显示出显著性。

第三，滞后一期的创新投入对当前产业结构水平的影响在10%的显著性水平下显著，其系数为0.036 2，这说明创新投入对产业结构水平的影响存在动态调整机制。这一现象可以从以下两个方面来解释：一方面，从科研经费的投入到技术水平的更新、进步或新技术的产生需要一个过程，并不是瞬时完成的，当期科研经费的投入与前期已实现或要改进的技术需要一个衔接过程，而新技术的研发则需要一段时间内科研经费的不断投入；另一方面，新技术对产业产出贡献率的体现需要一个过程，新技术进入产业部门与原有的技术、生产要素、人力资本等要素的匹配需要时间，产业部门对新技术的适应与使用也不是瞬间完成的，新技术逐渐对原有的要素与技术进行替代，并可能引入新的生产要素，最终逐渐与保留下来的和新的生产要素达到最优配置。

第四，滞后一期的创新投入对当期创新投入水平也具有正向的动态调整机制，通过了1%的显著性水平检验。这是因为新技术的研发是一个连续性过程，前期技术的研发需要一段时间内科研经费的不断投入。同时，滞后一期的创新投入对人力资本水平的影响也是显著的。创新的主体是人，技术创新需要人力资本的不断进步给予支持，创新投入的不断加大，也鼓励和吸引人力资本水平不断提高以加入创新行业的研究。因此，人力资本对产业结构升级的影响机制可能通过技术创新间接作用。

此外，按照同样的方法，区域层面的PVAR模型估计结果如表5-8

所示。

表 5-8 区域层面的 PVAR 模型估计结果

	不同区域	L1.lnCS	L1.lnEDU	L1.lnRD
lnCS	东部地区	0.827 2***	-0.361 3	0.035 8
		(0.089 7)	(0.371 0)	(0.028 6)
	中部地区	0.830 9***	-0.604 2	0.068 3
		(0.070 7)	(0.808 0)	(0.070 7)
	西部地区	0.868 8***	-0.052 8	0.018 2
		(0.086 5)	(0.229 0)	(0.027 8)
lnEDU	东部地区	0.018 2	0.428 2**	0.025 3
		(0.043 7)	(0.198 2)	(0.016 6)
	中部地区	-0.048 6	0.146 5	0.059 1*
		(0.038 6)	(0.390 6)	(0.034 3)
	西部地区	0.023 6	0.477 9**	0.027 4*
		(0.112 1)	(0.237 7)	(0.016 4)
lnRD	东部地区	-0.340 9**	-1.128 7	0.933 3***
		(0.171 1)	(0.780 9)	(0.071 9)
	中部地区	-0.543 3***	-1.699 1	1.007 6***
		(0.116 0)	(1.510 4)	(0.139 3)
	西部地区	-0.075 1	0.264 7	0.786 0***
		(0.303 5)	(0.704 9)	(0.071 0)

注：L1 表示滞后一期；括号内数值是标准误差；***、** 与 * 分别表示在 1%、5%与 10%显著水平下显著。

根据表5-8中区域层面的PVAR模型估计结果，我们可以得出以下结论。

第一，各区域内滞后一期的产业结构水平对当期的产业结构水平均产生显著的正向影响，都通过了1%的显著性水平检验。这与表5-7的估计结果相同，说明产业结构的动态升级机制也存在于地区产业结构的升级过程中。而影响系数按东部、中部、西部的顺序递增，这说明经济较发达地区较欠发达地区而言产业结构水平较高，产业内的技术水平和改造能力较强，产业结构比例的惯性延续相对较低。总的来说，各区域内滞后一期的技术创新投入和人力资本水平对当期产业结构的影响都未显示出较强的显著性。

第二，各区域内滞后一期的人力资本水平对当前的人力资本水平也具有正向的动态调整机制，其中东部地区和西部地区通过了5%的显著性水平检验。总的来说，滞后一期的人力资本对产业结构水平动态调整的影响并未显示出显著性。

第三，与全国的估计结果一样，各区域内滞后一期的创新投入对当期创新投入的影响都通过了1%的显著性检验。这说明创新的投入与技术的研发是一个连贯的过程，新技术的开发需要产业内资金、技术水平和人力资本等能力的不断积累给予支持。总的来说，滞后一期的创新投入也对人力资本水平的提升起到了积极的推动作用。

三、脉冲响应函数分析

脉冲响应函数（IRF）通常用来研究一个变量的正交化冲击对变量当前值与未来取值的影响，以观察该变量的正交化信息对系统中内生变量的动态影响，其能够准确地刻画出变量之间的动态时滞关系。基于以上PVAR模型对技术创新投入、人力资本与产业结构升级之间动态关系的探究，本书实行每个变量一个标准差的冲击，经500次蒙特・卡罗模拟，得到每个变量的冲击对其他变量在0～10滞后响应期数影响脉冲响应函数图（如图5-2所示）。在图5-2中，横轴代表冲击的响应时期，纵轴表示内生变量对冲击的响应程度，上下线表示95%的置信区间。

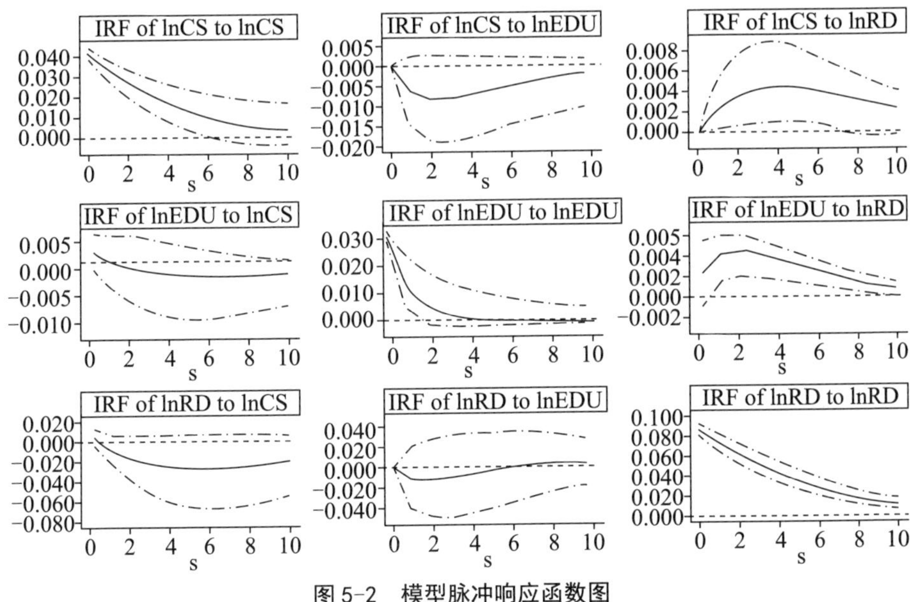

图 5-2　模型脉冲响应函数图

根据图5-2，我们可以得到以下结论。

第一，产业结构水平受到自身一个正交分解后的标准差的正向冲击后，显示出一个明显的正响应，而后逐渐衰减，有收敛于0的趋势。这在一定程度上反映出随着产业结构水平的提高，其自身的自我更新改造能力越来越强。产业结构水平受到创新投入一个单位的标准差的正向冲击后，在第一期显示出正响应，并在第四期达到最大值，而后逐渐下降。产业结构水平受到人力资本水平一个单位的标准差的正向冲击后，显示出一个负效应后逐渐收敛于0。

第二，人力资本受到产业结构水平一个正交分解后的标准差的正向冲击后，在第一期显示出一个正向的响应，而后逐渐衰减，在第二期显示出负响应。人力资本受到创新投入的冲击后，在第一期显示出一个正向的响应，并在第二期达到最大，而后逐渐衰减，有收敛于0的趋势。人力资本受到自身冲击后，显示出一个正向的响应，在第四期之后收敛于0。

第三，创新投入受到产业结构水平一个正交分解后的标准差的正向冲击后，显示出一个明显的负响应，而后有收敛于0的趋势。创新投入受到自身冲击后，显示出一个明显的正响应，而后逐渐衰减，有收敛于0的趋势。创新投入受到人力资本水平的冲击后，在第一期显示出负响应，在第六期后显示出正响应。

四、方差分解分析

脉冲响应函数描述了变量的当前与未来取值受其他变量冲击时的影响效果与轨迹，而方差分解则主要评估模型中的各内生变量相互冲击的影响程度。下面将模型系统内任意一个内生变量的预测均方差分解为系统内各变量的随机冲击，得出每个冲击所占的百分比，从而比较分析各内生变量对彼此波动的相对贡献率，结果如表5-9所示。本书研究模型的方差分解在未来10年可以基本保持稳定，具有重要的研究意义。

表 5-9　模型方差分解结果

变量	预测期	lnCS	lnEDU	lnRD
lnCS	1	1.000	0.000	0.000
lnEDU	1	0.000	1.000	0.000
lnRD	1	0.000	0.000	1.000
lnCS	4	0.944	0.045	0.010
lnEDU	4	0.005	0.948	0.046
lnRD	4	0.046	0.011	0.943
lnCS	7	0.913	0.066	0.021
lnEDU	7	0.014	0.921	0.066
lnRD	7	0.116	0.010	0.874
lnCS	10	0.900	0.070	0.028
lnEDU	10	0.022	0.908	0.071
lnRD	10	0.164	0.010	0.826

注：预测期 1 期为 1 年。

根据表5-9中的数据，我们可以得出以下结论。

第一，对于产业结构水平而言，到10期后，其对自身的方差贡献率达到90%，这说明其受自身波动的影响最大；人力资本水平贡献了7.1%的方差贡献率；创新投入仅贡献了不到3%的水平，对产业结构优化升级波动的影响最小。

第二，对于人力资本水平而言，到10期后，波动影响最大的因素仍是其自身，方差贡献率为90.8%；受创新投入的影响次之，方差贡献率为7.1%；产业结构水平对其波动的影响最小，方差贡献率为2.2%。

第三，对于创新投入而言，到10期后，其主要受自身水平的影响，其方差贡献率达到了82.6%；产业结构水平对其的方差贡献率为16.4%；人力资本水平仅贡献了1%，对创新投入波动的影响最小。

第四节　动态面板数据模型的实证研究

无论是经济发展还是产业结构升级，都具有一定的周期性，也往往存在一定的内在惯性。从计量模型估计的角度来看，经济产业的这种周期性与内在惯性说明在进行计量经济分析时，不能忽略对动态影响机制的研究。前一节PVAR模型的估计结果表明，滞后一期的产业结构水平与技术创新投入对当期的产业结构水平具有动态作用。因此，本节将技术创新投入与产业结构水平的指标也作为被解释变量，构建动态面板数据模型对产业结构升级的影响因素进行研究分析。自变量的内生性问题是动态面板模型估计结果可能出现偏误的主要原因，若使用传统的最小二乘法（OLS）或极大似然估计法（MLE），结果可能不一致。而使用广义矩估计法（GMM）可以有效地解决动态面板数据模型估计的内生性问题。GMM估计方法又分为差分GMM和系统GMM。这两种方法在全国层面的动态面板数据模型估计结果如表5-10所示。

表 5-10 全国层面的动态面板数据模型估计结果

	差分 GMM	系统 GMM
L1.lnCS	0.752 5***	0.743 3***
	（0.050 9）	（0.039 1）
lnRD	−0.027 6	0.009 1
	（0.029 6）	（0.027 3）
L1.lnRD	0.020 1	0.002 3*
	（0.029 5）	（0.028 8）
lnEDU	0.330 5***	0.214 9***
	（0.090 2）	（0.078 5）
lnFDI	0.026 5***	0.068 1***
	（0.012 7）	（0.011 2）
lnOpen	−0.044 7***	−0.037 3***
	（0.011 2）	（0.007 9）
lnInvest	0.043 4**	0.010 1**
	（0.021 6）	（0.016 8）
_cons	0.457 4*	0.409 2**
	（0.260 0）	（0.208 3）

注：L1 表示滞后一期；括号内数值是标准误差；***、** 与 * 分别表示在 1%、5%与 10%显著水平下显著；“_cons”表示的是回归方程中的截距，为了减小误差。

由表5-10可知，产业结构水平滞后一阶值对现期产业结构水平的影响十分显著，前一期的产业结构水平对当期的影响系数达到0.743 4，这说明我国产业结构调整存在明显的动态发展机制。我们可以从以下四个方面解释产业结构的这种动态升级机制。

第一，产业结构升级不可能带来区域内产业的完全颠覆性改变，对原有的产业结构比例和水平具有惯性延续机制，前期产业的基础、资源、劳动力等因素对产业结构升级具有一定的制约作用，对前期产业结构的适当保留与改造是产业结构升级的扬弃过程。其中，固定资产投资是企业短期内不能改变的投入变量，厂房、机器设备等固定资产也无法在短期内转移与变现，因此产业结构升级对原有固定资产的改造与升级具有一定的连续性。此外，受折旧等因素的影响，产业中原有的固定资产存量会逐渐减少，新增固定资产投资主要投向新的生产设备与工艺以及对原有的固定资产进行改造升级。

第二，新技术对产业产出贡献率的体现需要一个过程。新技术进入产业部门并与原有的技术、生产要素、人力资本等要素的匹配需要一定的时间，产业部门对新技术的适应与使用也不是瞬间完成的，新技术逐渐对原有的要素与技术进行替代，并可能引入新的生产要素，最终逐渐与保留和新的生产要素达到最优配置。

第三，新知识的创造和传播与企业的学习吸收存在时滞性，企业对新知识、新技术的学习曲线呈“S”形。学习曲线效应的存在决定了企业不能在新知识、新技术刚出现时就学会并高效的运用，不能快速降低成本和提高劳动生产率。只有在新技术与其他生产要素逐渐配合共同引致产业生产要素配置的持续优化时，才能显著降低成本和提高产量。由此可见，技术创新与企业学习曲线效应是导致产业结构升级具有动态作用的重要原因。

第四，经济市场常伴随着市场信息的不完全与不对称，因而产业生产与市场需求对接之间也存在不对称和时滞性现象。产业规模的调整就在这种不对称和时滞中进行，是产业发展的“试错”过程。产业规模的扩张与效益的实现是一个连续的过程，生产成本与交易成本随着产业内生产规模的扩张与技术的改进逐渐下降，在一段时期内持续改进产业结构比例与配置，这两个因素都促进了产业结构升级的动态连续性机制的形成。

第五，其他自变量的检验结果。从系数的符号来看，当期国际贸易对产业结构的调整表现出负面的影响。当期的创新投入、滞后一期的创新投入、人力资本水平、外商直接投资和固定资产投资等经济指标对产业结构的调整有明显的促进作用。其中，人力资本、外商直接投资指标的参数估计在1%的显著性水平上显著；固定资产投资指标的参数估计在

5%的显著性水平上显著；技术创新投入的当期不显著，但滞后一期的创新投入指标对产业结构水平的提升在10%的显著性水平上显著。由此可见，虽然本书证明了产业结构自身具有动态调整能力，也证明了创新对产业结构优化升级具有动态调整机制，但尚不能证明人力资本对产业结构优化升级是否具有动态调整机制。

此外，从表5-10中可以看出，系统GMM的估计结果相对较好，其中大部分解释变量和控制变量都十分显著，因此下面以系统GMM估计方法对区域层面的动态面板数据模型进行估计，估计结果如表5-11所示。

表 5-11　区域层面的动态面板数据模型估计结果

	东部地区	中部地区	西部地区
L1.lnCS	0.592 5***	0.808 5***	0.822 2***
	（0.052 6）	（0.062 0）	（0.067 6）
lnRD	0.114 7***	-0.085 3	0.069 6*
	（0.035 5）	（0.059 2）	（0.042 6）
L1.lnRD	0.216 5***	0.113 1*	-0.094 7**
	（0.039 0）	（0.058 4）	（0.039 7）
lnEDU	0.076 6	0.627 3***	0.060 1
	（0.105 8）	（0.158 9）	（0.117 4）
lnFDI	0.020 8**	0.088 5***	-0.004 3
	（0.008 9）	0.0284	（0.018 1）
lnOpen	-0.062 9***	-0.118 1***	-0.006 2
	（0.011 9）	（0.018）	（0.011 8）
lnInvest	-0.046 4***	0.020 1	0.074 7***
	（0.014 9）	（0.038 7）	（0.026 3）
_cons	1.221 4***	0.002 5	0.336 7
	（0.025 1）	（0.427 5）	（0.380 0）

注：L1 表示滞后一期；括号内数值是标准误差；***、** 与 * 分别表示在 1%、5%与 10%显著水平下显著；“_cons”表示的是回归方程中的截距，为了减小误差。

由表5-11区域层面的动态面板数据模型估计结果可以得到以下结论。

第一，滞后一期的产业结构水平对当期的影响是显著的，这与表5-9的参数估计结果相同。而影响系数按照东部、中部、西部的顺序递增，这说明经济较发达地区与经济欠发达地区相比，前者的产业结构水平较高，产业内的技术水平和改造能力较强，产业结构比例的惯性延续相对较低。

第二，当期技术创新投入对产业结构水平的影响显示出区域上的差异性，其中东部地区和西部地区当期的技术创新投入都对产业结构水平产生了正向的促进作用。其中，东部地区的参数估计通过了1%的显著性水平检验；西部地区的参数估计通过了10%的显著性水平检验；中部地区的参数估计未通过显著性检验。

第三，过去一期的技术创新投入对产业结构水平的影响显示出区域的差异性，其中东部地区和中部地区产业结构水平显示出显著的正向影响。东部地区在1%的显著性水平下显著；中部地区在10%的显著性水平下显著；而西部地区的影响系数为负，在5%的显著性水平下显著。这表明过去一期的创新投入对产业结构水平的调整机制在分区域数据上并不一致，创新投入对产业结构水平具有动态调整机制，但在区域上显示出差异性。

第四，从其他变量的计量结果上看，各区域内的人力资本都对产业结构升级起到了积极的促进作用，其中中部地区的计量结果通过了1%的显著性水平检验；外商直接投资对于东部地区和中部地区的产业结构升级显示出显著的促进作用，但对西部地区的作用不明显；国际贸易对产业结构升级起到了显著的负向抑制作用，这与静态面板模型的估计结果一致；固定资产投资对东部地区的产业结构升级在1%的显著性水平上表现出负向的抑制作用，而对西部地区的产业结构升级在1%的显著性水平上表现出正向的积极促进作用。

第六章 人力资本、技术创新对产业结构升级影响的研究结论与建议

第一节 人力资本、技术创新对产业结构升级影响的研究结论

本书通过对现有理论与经验研究进行系统回顾与分析，确定了研究方向，并依据我国全国和分区域的数据，建立了三个面板数据模型，从实证角度分析了技术创新、人力资本与产业结构升级之间的动态关系，并得出以下三个结论。

第一，产业结构升级存在内在的动态作用机制。本书通过第五章的实证研究证明了动态机制的存在，但验证到的动态机制只有滞后一期。由于数据的可得性问题，本书只选取了12年的面板数据，这部分数据由于时间跨度较短，对产业结构升级的连续性和惯性检验还存在缺陷，笔者在未来的研究中还需要努力完善。此外，由于产业内部系统的发展存在惯性，使得产业结构升级进程呈现出扬弃与动态升级的特征。若能较为准确地把握技术创新活动在产业结构升级的不同时期的作用力度，厘清不同区域产业结构升级的动态机制与影响时滞，将有助于提升相关政策的使用效率和准确性。

第二，从全国层面的面板数据估计结果来看，技术创新作为经济增长的内生变量，既对产业结构升级具有积极的推动作用，也存在对产业结构升级的动态影响。这是因为技术创新不仅实现了技术进步，还带来了新工艺、新产品、新市场，促进了要素使用率、管理效率和产出效率的提升，改变了区域要素的供给边界。从区域视角出发，技术创新对我国产业结构升级的作用在不同区域内表现出差异性，这从侧面反映出我国不同区域的产业技术水平和产业发展水平不平衡的问题。从动态连续性视角来看，我国产业结构升级受到技术创新的动态影响。目前，我国已进入工业化中后期，近年来也在不断加大对技术创新的投入，以期加快技术进步，改变对资源要素的依赖现状，实现经济发展从要素驱动到创新驱动的转变，推动产业的健康可持续发展。但是，我国技术创新与产业结构在东部、中部和西部不同区域的差距在逐渐拉大，我国的技术创新投入明显集中在东部地区。此外，各级地方政府并没有对经济与产业的健康可持续发展给予足够的重视，影响了技术创新投入的力度与持续性，影响了技术创新活动对产业结构升级的持续贡献作用。对此，政府未来应保持技术创新投入的持续性以及明确创新政策供给的导向性，挖掘创新活动的动态贡献功能。

第三，从全国层面的面板数据估计结果来看，人力资本对产业结构升级进程具有积极的推动作用，人力资本水平的提高能显著提升劳动者的劳动生产率，提升产业内部资源、技术的使用效率，对于产业摆脱粗放、低效的生产模式具有重要的作用。人力资本水平对产业结构升级进程的影响在不同区域表现出差异性，这表明我国人力资本水平在区域上存在较大差距，其中西部地区的受教育程度远低于东部地区，人力资本存量不足，对产业结构升级的贡献不明显。然而从动态视角来看，本书尚不能证明人力资本水平对产业结构升级进程具有动态影响机制，还需要继续研究分析。

第二节　人力资本、技术创新对产业结构升级影响的建议

在理论分析与实证研究的基础上，本书对人力资本、技术创新与产业结构升级的作用机制做出以下描述：一个国家或地区的产业结构具备与自身特征相匹配的产业结构系统特征，产业结构升级具有国家或地区特有的惯性与演变规律，即动态特征。对此，政策供给应遵循国家或地区产业结构升级的惯性与规律。由于技术创新作为经济系统的内生变量参与到产业结构升级过程中，对产业结构升级具有动态影响机制。因此，政策供给需要高度关注技术创新与产业结构升级之间的动态作用机理。

一、政策供给要适应产业的动态升级机制

产业结构升级进程呈现出扬弃的动态机制，而技术创新是这一机制的重要推动力。本书的数据虽然只验证了产业结构升级自身与技术创新滞后一期的影响结果，但证明了动态特征的存在。产业结构升级本身就是对原有产业结构的动态延续与改造过程，随着经济系统的不断变化，技术创新在内生经济增长模型中以内生变量的形式参与经济增长的过程。在这种内生性的作用机制下，前一期的技术创新效果会对下一期的技术创新产生延续性影响。基于此，政府在制定产业结构升级的导向性政策时，应根据产业发展的特点，研究并掌握产业结构升级的动态规律。同时，政府在制定技术创新的支撑政策时，也应遵循技术创新对产业结构升级的动态机制，建立完善的技术创新体系，从而配合产业内其他要素的综合作用，加强产业内技能培训。

二、扶持新兴高技术产业，并提升其自主创新能力

高技术产业的创新能力对产业结构优化升级的作用通过两种方式实现：一是扩大新兴高技术产业的比重；二是带动传统产业技术升级。由此可见，新兴高技术产业既是经济增长和产业结构升级的动力，又是带动传统产业技术升级的重要力量。这是因为在已成形的传统产业分工布局中，传统企业已经很难掌握核心技术。只有依靠自主知识产权发展起来的新兴高技术产业才能掌握核心技术，由此掌握市场主动权，并提高自身的竞争力。

为此，政府一方面要着眼于我国当前产业结构战略性调整的需要，另一方面要着眼于提升传统企业竞争力的需要，选择具有技术优势、产业优势、资源优势的信息、航空、生物与制药、先进制造等领域，发展新兴高技术产业，促进高技术产业的规模化和国际化发展，形成新的经济增长点。其中，我国信息产业和先进制造产业虽然已经具备了一定的市场规模，但是主要集中在产业链下游的劳动密集型部分，以代工为主，技术水平和产品附加值水平有待提高，行业中缺少国际知名企业；我国在生物医药领域的技术以引进、吸收为主，自主研发能力较弱，行业中的企业的规模大多较小；我国航空航天业的发展主要以技术为导向，市场化程度较低，虽然该行业在军工领域的技术具有较高的自主创新能力，但在民用领域的技术较弱，主要仍以技术引进为主。

通过前文可知，高技术产业及各行业的创新能力可以推动产业结构优化升级，但产业间的表现有所差异，为了有效地提升各产业的创新能力，笔者根据这些产业的发展现状提出如下建议。

（一）对于信息产业和先进制造业

首先，充分利用现有的市场优势、物质资本积累和人力资本积累，迅速向产业链上游延伸，加大对自主品牌的培养和扶持，重视合资企业的技术转移、重大引进项目的技术转移、企业并购的技术转移、国际科技合作的技术转移和海外人才流动的技术转移，在打造品牌企业的过程中，带动产业结构的优化升级。

其次，完善产业体系，在确保骨干产业稳定增长的同时，着重在通信设备、信息服务和信息技术应用等领域培育新的经济增长点，进而推动产业结构升级。

（二）对于生物医药产业

在引进、吸收国外先进技术的过程中，逐步扩大企业的规模和市场，完成物质资本积累和人力资本积累，不断提高企业的创新能力，并通过市场的拓展和技术创新能力的积累来带动产业结构的优化。

（三）对于航空航天产业

坚持技术与市场相结合的战略，有序地开放航天产业市场，积极拓展国内外市场，完善航天产业链，促进航天产业的市场化；适当地引导企业、研究机构、高校及社会力量进入航天产业，进一步加快航天产业的商业化进程；加强民用领域的国际合作，通过引进国外的先进技术，并结合中国制造业的基础，以此加快航空航天制造业的规模发展，进而促进产业结构升级。

三、提高R＆D经费投入比重和效率

在当前国际产业竞争已由生产阶段前移到研发阶段的背景下，我国的高技术产业要想加强科研活动，提高创新能力，就需要进一步加大R＆D经费的投入力度。为此，政府要发挥高技术企业的能动性，采取政府投资和企业引资融资相结合的办法。在发挥政府科研经费的带动作用和引导作用的同时，建立以企业自筹为主体、以金融部门为支撑、广泛吸纳民间及海外资金的多元化、多渠道的科技引资、融资体制，为高技术企业的科研活动提供更多的资金。同时，对于一些新兴的高技术产业部门，政府要加大资金扶持力度；对于一些重大项目，政府和高技术企业要携手构建以市场为导向的官产学研相结合的机制，通过技术链垂直传递和水平扩散来激发企业的创新活力，促进科研成果转化，提高科研经费的使用效率。

需要注意的是，一味地增加资金投入而忽视效率问题会弱化创新的意义，也不符合自主创新的发展要求。为节省人力资本和物质资本，我国应优化科研资源配置，并提高创新要素在推动创新过程中的效率。此外，虽然技术进步促进了我国高技术产业创新效率的总体增长，但资源配置效率的下滑对创新效率的增长产生了阻碍作用。对此，我国应采取以下措施：首先，树立科技创新在高技术企业中的主体地位，同时建立以企业为主体，以市场为导向，企业同科技研发机构、高校相结合的技术创新体系，积极调动多元主体参与科研创新，将科研项目的选择机制、激励机制、投融资机制紧密地结合起来，以此提高科研活动的成功率；其次，建立健全科研人员的绩效考核体系，优化人员配置，调动科研人员的工作积极性，从而提高科研人员的自主创新能力和研发效率；最后，改革高校科研活动的组织方式和参与主体，加强校企合作，促进科研成果的转化。

四、加强基础设施建设

基础设施的改善会加快人员和货物的流动，有利于高新技术和产品的扩散，有利于其产业规模的扩大，最终促进产业结构升级。因此，为了更好地发挥高技术产业创新能力对产业结构优化升级的作用，政府应进一步加强能源、交通、通信、城市公用设施、环保等基础设施和基础产业的建设，全面提高基础设施的配套服务功能和服务效率，促进资本、产品、劳动力的流通。这样不仅有利于发挥高新技术成果的传导与拉动功能，还能为产业结构的优化升级创造条件。

五、加大技术创新的投入力度

技术创新是经济增长与产业发展的核心推动力。为此政府应加大对技术创新的投入、增强对创新活动的支撑力度、构建区域技术创新体系、健全法律制度体系，以不断推进技术进步，使技术创新的效益得到持续发挥；还应以技术创新为基础，重点发展科技含量高、产品附加值高、资源能耗少的现代服务产业，坚持以科技带动产业发展。

目前，我国的制造业技术水平还处于低级阶段，规模化与集约化程度较低，生产能耗较大，产品的科技含量较低，产业竞争力不高。而技术的使用与推广将极大地提高资源配置效率，提高制造业技术能力与创新能力，提高制造业发展水平。为此，政府应依托高新技术与现代科技成果来推动制造业的更新换代，推动制造业的现代化发展，从而全面提升制造业的产业生产效率与产业产出效益，推动区域产业结构升级。

六、释放人口红利，促进产业结构升级

人力资本作为生产的核心要素，在产业的发展过程中具有不可替代的作用，而加大教育投入，特别是高等教育投入能显著促进人力资本水平的提升。如果能够推动教育资源在区域及城乡的合理分配，将有效地解决我国人力资本水平不平衡的问题。对此，政府在不断加大对教育的财政性支出的同时，应有倾向性地对经济欠发达地区进行扶持，优化其人力资本水平和结构，缩小区域间的人力资本差距。

随着国家财政投入的不断增加与高等教育水平的提升，虽然我国的人力资本水平得到了较大的提升，但人才的使用与配置方式未能充分地释放人才红利。对此，各级政府应针对不同产业对人才的需要，建立与之相适应的人才计划、教育体系，提高人力资本的使用与配置效率，减少人才培养与市场应用的脱节、资源浪费等问题；打通区域间的人才流动通道，建立健全人力资本激励机制，加强人力资本的流动配置，发挥市场在配置人才资源中的基础性与决定性作用；根据人力资本的实际状况制定产业政策，优化人力资本与其他生产要素的配置，通过产业结构与人力资本的动态匹配来实现产业结构的持续升级。

具体到各个区域而言，东部可以利用其积累的高层次人力资本，优先发展先进制造业和生产性服务业等知识密集型产业，推动产业结构升级；中部地区和西部地区的人力资本水平较低，可以以传统制造业等劳动密集型产业为主，并在此基础上，通过人才引进和教育培训来逐步实现产业结构升级。

七、注重区域间产业结构的差异

由于区域间的经济基础、自然资源禀赋、产业结构基础等方面的差异，区域间产业结构的演进与升级规律也存在差异。同时，国家相关政策的导向会对区域产业结构的发展造成影响，而作为国家产业结构发展的基础，区域产业结构的发展又会影响国家产业结构的调整。两者之间的关系是：区域产业结构在接受国家产业结构发展指导与调整的同时，还影响国家产业结构的发展方向与整体水平。目前，虽然我国区域间的产业结构发展、经济增长效益等方面存在较大的差距，产业发展呈现出区域的不均衡状态，但不能盲目调整区域间的产业结构配置，以追求数量的合理化，而应遵循区域的基础条件，追求产业结构质量的调整。

此外，当前我国技术创新投入与人力资本投入存在非连续性和静态性的特征，尚未形成产业技术体系和人力资本体系。因此，对技术创新和人力资本进行连续性与动态性的挖掘，推动技术创新和人力资本效力的有效发挥，成为推动产业结构升级的重要内容。从我国区域产业结构升级的现状来看，技术创新和人力资本在促进产业结构方面呈现出区域特征，各区域对技术创新与人力资本的依赖程度不同。东部地区人力资本存量较大，结构也较为合理，因此需要更合理地利用领先的人力资本水平，加大技术创新投入来提高创新活动的资本劳动比，推动产业结构升级；而中部地区和西部地区的产业主要以劳动密集型产业为主，劳动力多但质量不高，因此需要增加人力资本投入，积极发挥人力资本的红利作用，推动产业结构升级。

参考文献

[1] 陈伟，陶长琪．两化深度融合的测算及其对区域产业结构升级的影响——基于三元复合协同模型 [J]. 南京财经大学学报 ,2017(06):17-29.

[2] 陈翔，易定红．人力资本提升对我国城镇化影响的研究 [J]. 经济理论与经济管理，2017(09):101-112.

[3] 陈勇．劳动力剩余条件下的资本深化 [D]. 上海：复旦大学 ,2007.

[4] 邓创，付蓉．中国财政性教育经费投入对产业结构的非线性影响 [J]. 教育与经济，2017(05):12-21.

[5] 何元庆．对外开放与生产率增长 [D]. 杭州：浙江大学 ,2006.

[6] 江楠．基于对应分析法的安徽省区域产业结构实证分析 [J]. 宿州学院学报 ,2017(08):18-21.

[7] 李莉．我国制造业区域集聚程度的影响因素研究 [J]. 宜春学院学报 ,2017(11):52-56.

[8] 李邃．中国高技术产业创新能力对产业结构优化升级影响研究 [M]. 北京：经济科学出版社 ,2019.

[9] 林春艳，孔凡超，孟祥艳．人力资本对产业结构转型升级的空间效应研究——基于动态空间 Durbin 模型 [J]. 经济与管理评论 ,2017(06):123-130.

[10] 刘茜．产业结构对长期贸易失衡影响机制研究 [M]. 天津：天津大学出版社 ,2016.

[11] 刘清春．经济增长中地理要素作用的空间计量经济分析 [D]. 上海：华东师范大学 ,2007.

[12] 刘运华．产业结构化视野下的专利权经济价值分析研究 [M]. 北京：知识产权出版社 ,2018.

[13] 吕云龙，吕越．上游垄断与制造业出口的比较优势——基于全球价值链视角的经验证据 [J]. 财贸经济 ,2017(08):98-111.

[14] 孟维华．生产率的绿色内涵 [D]. 上海：复旦大学 ,2007.

[15] 孙海波 . 我国人力资本及其空间分布对产业结构升级影响研究 [M]. 北京：经济科学出版社 ,2018.

[16] 汪海霞 , 王新 . 产业升级、人力资本与企业自主创新能力关系研究 [J]. 工业技术经济 ,2018(01):103-110.

[17] 王鹏 . 新经济增长理论与台湾经济增长研究 [D]. 厦门：厦门大学 ,2006.

[18] 于淑艳 . 产业结构调整与区域经济发展研究 [M]. 北京：经济科学出版社 ,2012.

[19] 袁文倩 . 西部经济增长方式与生态环境的保护 [D]. 西安：西北大学 ,2006.

[20] 岳书敬 . 区域经济增长中人力资本与全要素生产率研究 [D]. 成都：西南交通大学 ,2006.

[21] 张玉玲 , 胡子航 , 宋天茹 . 新疆人口红利与产业结构调整关系研究 [J]. 新疆财经 , 2017(06):38-46.

[22] 赵自芳 . 生产要素市场扭曲的经济效应 [D]. 杭州：浙江大学 ,2007.

[23] 郑猛 , 杨先明 . 要素替代、技术进步与中国制造业比较优势动态化 [J]. 贵州财经大学学报 ,2017(06):5-22.

[24] 周卫峰 . 中国区域经济增长收敛性研究 [D]. 北京：中国社会科学院研究生院 , 2005.

[25] 邹东颖 . 后发优势与后发国家发展路径研究 [D]. 沈阳：辽宁大学 ,2006.

后　记

随着全球化进程的加快，社会主义市场经济的发展也进入了一个全新的时代，目前，人力资本、技术创新与产业结构升级已经融入社会生活的方方面面，给人们的生活带来重要的影响。在未来，人力资本、技术创新与产业结构升级将会越来越科学化、市场化。

虽然目前社会对于人力资本、技术创新与产业结构升级的相关问题已经非常重视，政府也出台了一系列措施以确保产业结构升级的顺利进行，但总体而言，针对人力资本、技术创新与产业结构升级的研究还停留在初级阶段。众多经济学家和经济学爱好者对人力资本、技术创新与产业结构升级存在的兴趣也在日益提升。基于这一原因，笔者编写了《人力资本、技术创新与产业结构升级研究》一书。本书不仅总结了在经济学研究中已经得出并且可以灵活运用的相关研究，还通过阐述人力资本、技术创新与产业结构升级的关系、作用机理等内容，引导经济学家和经济学爱好者对经济发展方式进行深入的思考。笔者希望本书可以为我国的经济学的研究指明一条方向，为社会主义现代化的蓬勃发展尽一分绵薄之力。